清博研究院 / 编著

游戏产业

元宇宙

清华大学出版社

北京

内 容 简 介

本书从游戏产业的发展历程、发展趋势、特征等方面入手阐述游戏产业与元宇宙结合的契机，并全面介绍了两者结合发展成游戏元宇宙后的各方面架构布局与发展可能性。

本书共涵盖五部分内容。第一，游戏元宇宙模式特征以及其如何重构游戏发展业态。从游戏发展历程开始，主要介绍了游戏发展趋势以及迎来元宇宙时代后，游戏将发生怎样的变化，元宇宙将从哪些方面重构游戏业态。第二，游戏产业怎样向元宇宙转型升级。从介绍元宇宙给游戏带来的优势开始，阐述转型游戏元宇宙的可能性以及途径，同时也介绍了游戏产业向元宇宙过渡的难点问题。第三，游戏元宇宙的技术创新与产业链形成。针对游戏产业的特性与元宇宙技术特性，介绍了未来构建游戏元宇宙所依赖的关键技术以及技术与游戏产业之间怎样进行相互拉动，同时介绍了以技术为驱动的游戏元宇宙的产业链发展问题。第四，游戏元宇宙的产品设计与运营。针对游戏元宇宙的特性，主要介绍了游戏元宇宙产品设计的新魅力，同时介绍了元宇宙时代，游戏元宇宙的新运营观念与运营策略。第五，游戏元宇宙的风险与展望。主要介绍了游戏元宇宙在构建过程中将会面临的新风险以及如何通过制定游戏元宇宙产业标准等策略进行治理，引导行业"向善"发展，最后介绍了游戏元宇宙发展的五点展望，阐述了其未来的发展样态。

本书集科普性、趣味性、前瞻性于一体，适合从事游戏元宇宙相关工作的人群，以及对元宇宙感兴趣，想要了解游戏元宇宙的读者阅读。

图书在版编目（CIP）数据

游戏产业元宇宙 / 清博研究院编著. —北京：清华大学出版社，2024.1
ISBN 978-7-302-65326-4

Ⅰ.①游… Ⅱ.①清… Ⅲ.①游戏—产业—研究—中国 Ⅳ.①G898

中国国家版本馆CIP数据核字(2024)第038914号

责任编辑：袁勤勇
封面设计：傅瑞学
版式设计：方加青
责任校对：申晓焕
责任印制：曹婉颖

出版发行：清华大学出版社
      网　　址：https://www.tup.com.cn，https://www.wqxuetang.com
      地　　址：北京清华大学学研大厦A座　　　　　　邮　　编：100084
      社 总 机：010-83470000　　　　　　　　　　邮　　购：010-62786544
      投稿与读者服务：010-62776969，c-service@tup.tsinghua.edu.cn
      质 量 反 馈：010-62772015，zhiliang@tup.tsinghua.edu.cn
印 装 者：大厂回族自治县彩虹印刷有限公司
经　　销：全国新华书店
开　　本：170mm×230mm　　　印　　张：12.75　　　字　　数：207千字
版　　次：2024 年 3 月第 1 版　　　印　　次：2024 年 3 月第 1 次印刷
定　　价：49.00元

产品编号：097647-01

在时空的无限延伸中，人类文明始终在探索、创造、变革的征程上不断前行。其中，游戏是一个重要组成部分，在这个神奇的世界里，历史与未来、现实与幻想交织成一幅五彩缤纷的画卷，人们找到了乐趣，更发现了连接彼此、启迪思想和照亮未来的无穷力量。游戏元宇宙，一个充满无限可能和创新的领域，一片无垠的数字星海，一个由亿万光点编织而成的虚拟宇宙。在这里，虚拟与现实的界限模糊，想象成为唯一的法则，每一个角落都充满了可能性，每一次探索都是对未知的挑战。由清华大学出版社出版的《游戏产业元宇宙》一书，作者执笔妙言，带领读者走进了这个新生的世界，虚拟与现实交织，智慧与创造共舞，让读者体验了一场技术推动下人类情感、智慧和创造力的狂欢。

星河幻梦：游戏的时空之旅

仿佛在星辰般璀璨的科技世界中绽放的一朵奇异花卉，游戏元宇宙源于人类对于科技无限可能性的永恒追求，是人类想象力的具象化。这是一个充满无限可能和创新的领域，也是重新审视人性、思维，以及文化本质的新舞台。在《游戏产业元宇宙》这本书中，作者从游戏在人类文明中的基础性角色出发，追溯了游戏从古至今的发展历程，展现了游戏如何从单一的娱乐形式演化为丰富多元的文化体验，从而深入探讨游戏元宇宙的起源，详细解析了游戏元宇宙的构成元素和运行机制。

从最初的科幻构想到现实中的具体实现，作者描述了数字技术如何与人类文化、社交模式以及心理需求相结合，创造出的一个全新、充满无限可能性的虚拟世界；探讨了游戏元宇宙与传统游戏的差异，以及它如何改变人们对时间和空间的感知，提供全新的体验方式和社交形式。如同历史上的每一次技术革新，游戏元宇宙的诞生与发展也在悄然改变人们的世界观和生活方式，它不仅仅是一场游戏的革命，更是一场关于人类生活方式、工作模式，甚至思维方式的革命。它超越了简单的娱乐工具属性，成为人们反思自身、探寻未来的智识之钥。在这个虚拟世界中，每个人都可以是探索者、创造者和改变者，人们能够体验前所未有的自由和可能性，它像一块无限宽广的画布，等待着身在其中的个体用想象和创造力去填充每一个细节。

智慧交响：奏响游戏新乐章

游戏元宇宙的构筑源于一场技术的革命，从云计算的无限扩展到人工智能的深度思考，从区块链的安全承诺到虚拟现实的沉浸感，每项技术都是游戏元宇宙精彩故事的重要篇章，这些未来技术与艺术、虚拟与现实的融合，形成了一场属于游戏的未来智慧交响曲。为了让读者更加深入理解游戏元宇宙，作者在书中探讨了支撑游戏元宇宙的关键技术，包括虚拟现实、增强现实、区块链、人工智能等，阐述了这些创新技术如何共同改造传统游戏，为人们创造一个沉浸式、互动性强、高度自由的虚拟世界，揭示了游戏元宇宙产品设计的魅力所在。

技术变革不仅推动了游戏元宇宙的顶层设计，还预示着游戏行业即将迎来的一场大变革。依托于此，作者进行了一场对未来游戏产业发展趋势的深刻预见，探讨了游戏元宇宙如何重构整个游戏行业的发展业态，从工业革命对元宇宙产业的启迪，到国内外游戏元宇宙的布局，覆盖了硬件、操作系统、开发工具和平台内容等方面，全面分析了游戏元宇宙产业链的发展现状和未来趋势，详细剖解了元宇宙为游戏产业带来的全新契机，以及它如何为传统游戏产业注入新的活力和动力。在本书中，作者重点关注了传统游戏如何适应并转型为游戏元宇宙，以及这一转型对游戏市场想象空间的扩展意义，探讨了虚拟数字人的设计理念，设想了传统游戏到元宇宙游戏玩家角色的转变和由此带来的挑战。细致的分析过后，本书使读者能够更加理解游戏元宇宙不仅是技术的展示，更是人类对于未来生活方式、交流方式的一次大胆想象和创造。

虚实之间：游戏元宇宙现实探秘

游戏元宇宙的构建过程固然充满着无限的创造力与潜力，但不可忽视的是这个神秘的领域同样伴随着一系列风险。在本书中，作者心怀敬畏，探索游戏元宇宙构建过程中的多维度风险，同时揭示了为应对这些挑战而必须采取的产业标准和治理措施，凸显游戏元宇宙发展的复杂性，以及在这一创新领域中实现平衡与可持续发展的重要性。技术实现的风险、隐私安全的担忧、虚实失衡的可能、伦理道德的考验、金融违法的风险以及产业内卷的挑战，都是在构建这个雄伟壮阔的虚拟世界时所必须面对的现实问题。这些风险不仅挑战了技术开发者的智慧，也考验了整个行业的治理能力和道德底线。为在其中找到平衡点，制定合理的规范标准，建立有效的治理模式，以确保游戏元宇宙的健康发展，作者指明在科技发展的前沿坚守"向善"的原则，倡导企业的社会责任感，以及通过社会责任评估指数模型来评估和引导游戏元宇宙的发展方向。人们需要不断探索和实现技术创新与社会责任的平衡，共同推动游戏元宇宙向更加美好、健康和包容的方向发展。

本书末章，作者用发展的眼光展望未来，表明游戏元宇宙将是一个更为多样化、全拟真交互的世界。在这个世界中，现实世界的真实身份和游戏世界的数字身份将并行不悖，为玩家提供双重的生活体验。文化的多样化发展将得到加强，NFT 等新技术的应用将支撑数字创作，促进文化产业的繁荣。同时，未来的游戏元宇宙世界可能基于系列化的剧本发展，为各种 IP 提供更广阔的舞台，这个全拟真交互的世界将为玩家提供前所未有的沉浸体验，使他们能够更深入地融入虚拟世界。最终，游戏元宇宙的社群将实现更紧密的连接和民主化发展，玩家将不仅是游戏的参与者，更是这个新世界的共同创造者。

纵观全书，《游戏产业元宇宙》展望了一个多元化、互联互通的新时代，不仅是关于游戏元宇宙的深度解析，更是对未来世界的一次大胆预测和深刻思考。书中展示了游戏元宇宙的无限可能，更启发人们去思考在这个全新世界中，人类如何能够更好地生活、工作和相互交流。

2023 年 12 月

（杜彦辉 中国人民公安大学信息网络安全学院教授、博士生导师）

以元宇宙为代表的新型融合应用形态，借助扩展现实、数字孪生等技术，在游戏、文化、艺术、旅游等领域为用户提供了沉浸体验。元宇宙建立了虚拟空间与现实世界的映射关系和交互机制，与 AI 综合场景驱动相辅相成，通过开源共享、相互借鉴和循序发展，不断创造经济社会价值。

游戏与元宇宙密切相关，有部分业界观点认为元宇宙是由游戏发展而来的。传统游戏的载体仅限于手机和计算机，然而在游戏普及的背景下，全球游戏用户数量呈指数增长，人们已经将游戏视为日常生活的一部分，而不仅仅是一种娱乐方式。从游戏产业化到元宇宙产业化，能够实现人类社会的游戏化和平行世界化。游戏在元宇宙中的发展，也将打破现有的游戏发展瓶颈，拥有开拓未来的全新可能。

游戏中构建的虚拟世界，玩家的身份和资产等仅适用于游戏内部，无法迁移到其他环境中。然而，在元宇宙中，主体的体验、社交、生产和经济等元素可以延伸到现实世界。游戏主要创造适合玩家的新内容，同时玩家也创作与游戏相关的内容。而元宇宙的内容则包含了各个领域的创作、体验和发展等。在游戏中，动态性只存在于玩家的互动过程中，一旦玩家退出游戏，个人游戏世界将停止，直到下次重新进入游戏。然而，元宇宙与现实世界平行存在，整个元宇宙的发展都不受玩家在场与否的影响。

当下，国产游戏处于游戏出海、游戏 IP 授权模式演进 / 游戏 IP 授权模式化、游戏人才规模扩增、游戏风格升级的发展浪潮中。全球元宇宙融合创新，元宇宙创作人才激增，数据为核心资产，数字文明逐渐扩大。那么，元宇宙如何与游戏产生联动？元宇宙如何为游戏发展赋能？元宇宙的发展如何深层作用于游戏产业转型？如何才能乘上游戏元宇宙的时代东风？……这一系列的问题都将在本书中得到解答。

本书从元宇宙的概念与产业发展讲起，详细探讨了为何元宇宙能够开启游戏世界新模式。通过解读游戏元宇宙的发展业态，分条缕析地阐述游戏元宇宙所涵盖的产业架构与关键技术。立足未来可持续发展需求，全面构建游戏元宇宙的产业链规划、产品设计运营形势与风险管控监督的全过程，帮助读者系统地了解游戏元宇宙的全貌。

作者
2023 年 9 月

目录 CONTENTS

第 1 章　导言

1.1　认识元宇宙

2021 年上半年，"元宇宙（Metaverse）"概念正式"出圈"，在资本市场、产业生态、舆论场域中热度不断升高。同年 10 月，Facebook 公司宣布更名为 Meta（元）公司，将大众对元宇宙的关注度推向一个小高潮。随着社会发展和新技术带来的居家生活方式的改变，人类虚拟世界在线时间大幅增长。据统计，2020年年初，互联网用户的日均上网时间约为 8 小时。这一数据反映了当时的社会背景，为元宇宙的诞生和发展奠定了时代基础。

元宇宙究竟是什么？元宇宙有哪些属性？元宇宙有哪些特征？大众如何认识元宇宙？温斯顿·丘吉尔说过："我们塑造建筑，之后建筑又塑造我们。"同理，人类发明技术，技术也会反过来塑造人类。元宇宙的热度大增引发了广泛的讨论，那么，当泡沫散去，人类究竟走向何方？

元宇宙的思想最早可以追溯至中国古代。中国古代哲学中的"六观"，分别是色空观、虚实观、生死观、有无观、天人观、阴阳观。《周易·乾卦》中的卦辞"元亨利贞"，其中每个字都有独立的含义。《说文解字》中将"元"解释为"始也，从一从兀"，意思是说，"元"即万物的开始。

早在 1990 年，钱学森先生就在书信中将虚拟现实（Virtual Reality，VR）技术，译为更符合中国传统文化语境的"灵境"，旨在说明这一技术能够扩展人脑的知觉，具有重大的意义，它能使人们进入一个前所未有的新领域，这一思考足以称为我国对于元宇宙思考的启蒙雏形。从概念上来看，元宇宙并非指单纯的产品或技术，而是整合虚拟现实技术、区块链技术、数字孪生技术等多种新兴技术而产生的新型互联网应用和社会形态。

美国传播学学者约书亚·梅罗维茨曾提出"媒介情境理论（Media Situation Theory）"，认为媒介除了是人类沟通的物质中介和手段，本身更是传播环境的重要组成部分。媒介构建了一个情境信息系统，并在其中形成特定的传播场景，场景中的社会角色、社会行为以及传播结构和秩序等都会发生变化。元宇宙世界在构建新的信息传播系统和传播场景的同时，也使得人类的行为模式发生变化。在允许用户进行自由的内容生产和可编辑的元宇宙世界中，用户不仅仅是平台的消费者、内容生产的主体，更是平台的服务者、生产者。元宇宙世界的形成将促进生产者、服务者、消费者一体化，并与现实世界的经济系统、社交系统、身份系统密切融合，从而构成一个"虚实相融"的新型社会形态。

简单来说，元宇宙不是与现实平行或者说可替代现实的独立王国，而是与现实生活交织的共生世界。同样，通往元宇宙之路也不是"脱实向虚"的替代性选择，而是"以虚补实"的补偿性路径。元宇宙中所衍生的新场景、新生产力和创造力将构建出新型生产体系和创造体系，促进现实社会的生产力提升及生产关系的革新。

未来，元宇宙极有可能发展成为新型的互联网模式，并推动社会进步，因此元宇宙相关研究是重要且必要的。但是目前大众对于元宇宙还不甚了解，现代人看待元宇宙，就像 21 世纪初的人们看待互联网一样——危险，令人感到迷茫，但又充满了魅力。路漫漫其修远兮，新的技术将会带来什么？一直是人们所津津乐道的问题。元宇宙的命题中暗含着人类的价值取向以及进入未来的无限可能。希望本书给读者带来的不只是思考，更多的是进入元宇宙时代的信心和勇气。

如今，很多年轻人"住"在手机上，他们笑称在各个 App 上"有房"。大众从 PC 互联网走向移动互联网，又从移动互联网走向下一代互联网。以智能手机为代表的移动互联网仅仅是二维表达，升级至三维虚实共生的空间中，人类需要大幅度提升生产力。

万物都有诸多属性，在繁多的属性中，有些属性是某个或某类事物所特有的，并能决定该事物的本质。元宇宙的属性是时空拓展性、人机融生性和经济增值性。严格意义上来说，所有元宇宙的活动都遵循这三大属性。

1）时空拓展性

德国哲学家康德认为，时空只有在被应用到被知觉的事物、表象或现象之时才具有有效性，应用于物自体或独立于人们的知觉的事物之时，就是无效的，人们不能超出经验世界来运用它们。而元宇宙的时间与空间是由数据组成的，是算法化的。元宇宙的空间是无限的，主体可以存在于多元宇宙中。元宇宙的时间是可回溯的，过去、现在、未来是可跨越的。在元宇宙中，时间与空间是不连续的。元宇宙对现实空间和时间进行多重延伸，提供一个逼近现实且超越现实的新世界。在元宇宙世界中，主体的体验、社交、生产、经济等元素可延伸到现实世界，这就是元宇宙的时空拓展性。

时空拓展性是元宇宙世界的根本属性，即元宇宙将在时间和空间两个维度实现拓展和延伸。

时间维度方面，元宇宙带来的沉浸感将会改变人们对于时间的认知。在现实世界中，人们能够运用呼吸、心跳等生理特征进行时间长短的估算；而在虚拟现实世界之中，高沉浸感意味着个体对自身与周遭事物的关注度下降。美国学者尼古拉斯·达维坚科基于实验数据发现，虚拟现实设备的使用在某些场景下会改变人们对于时间的感知，该实验的参与者普遍认为在进行 VR 游戏时会有与现实世界不同的时间感，可见时间不仅是一种客观存在，也是一种心理感知。元宇宙世界无疑拓展了时间的含义，在元宇宙中，时间不再局限于机械化度量分秒的"科学时间"，还可以是一种像伯格森所描述的纯粹、不可逆的作为"绵延"的时间。它不断延续又不断变化，每一个瞬间在保持自身的同时又有异于此前的瞬间。人们将"直觉"作为把握真实时间的根本方式，在"绵延"之中重新认识意识与存在。

空间维度方面，元宇宙也会令虚拟空间和现实空间的边界变得模糊，体现出一种空间上的"无边界性"。海德格尔认为，空间是一种以人类主体为中心，并加以组建的人与事物间的关系状态。从绘画到电影电视，人们往往会借助屏幕来区分现实与虚拟空间，通过观看一个平面的、矩形的、离眼睛有一定距离的屏幕，体验漫游在虚拟空间的感觉。而 AR（Augmented Reality，增强现实）与 VR

技术的出现则让电子屏幕得以消失，元宇宙成为通往另一空间的通道。元宇宙需要人们具有对虚拟世界和真实世界的全维感知力。当处在静态的空间时，元宇宙会将虚拟与现实的物件相互融合，空间不再是传统意义上的特定的方向与方位，而是一种以人的身体为基点，向外延伸出的多维度空间，需要通过人的一系列交互行为实现延展。而在动态空间之中，元宇宙世界不仅会与现实中的运动场景进行结合，逼真模拟走、跑、跳等动作，还会超越、解放一部分现实中的空间规定，例如，在搭乘汽车、高铁、飞机等交通工具的过程中，用户将可能以瞬间移动等方式在元宇宙世界中进行位置迁移。除此之外，元宇宙将从多方面重新定义人与时空之间的关系。数字分身、虚拟人的出现意味着未来人类可以不再受限于单一的物理时空，而能够实现同一时间、不同空间的多任务处理，栖居于元宇宙世界中的多时多地。

2）人机融生性

这是一个技术飞速发展的时代。在 Web 1.0 时期，互联网用户主要进行搜索学习。在 Web 2.0 时期，互联网用户得以互相交流。而在元宇宙时期，互联网用户将打开通往新世界的大门。在元宇宙社会中，自然人、虚拟人、机器人三者共融共生。在人类由实向虚的迁移过程中，坍缩的现实活动空间将由智能物联网和机器人填补，自然人在与整个元宇宙（普适计算）的融合与交互中，获得感知力、决策力、行动力的增强。

正如网络上科幻爱好者们的热梗"血肉苦弱，机械飞升"所言，人类创造各项技术，又用技术加持自身，获得人类文明演进过程中智慧结晶所带来的新的能力。从这一角度来说，虚拟人、机器人与人类协同演进、共融共生，机器上的金属光泽将在人类进化发展的长河中闪闪发亮。

麦克卢汉说，"媒介即人的延伸"。在人机融生这一特性加持下的元宇宙社会中，人的延伸甚至可以超越人本身，产生虚拟人多空间多线程分身状况。自然人进入虚拟空间中，以虚拟人作为形象呈现。一个自然人拥有进入虚拟空间中的一个实时化身——由自然人本体操纵，是真身行为的一对一实时映射。在未来，一个自然人可以创造出多个虚拟人。生活中，虚拟人可以在虚拟空间与虚拟朋友一起聚会；工作中，虚拟人能够代表自然人本体前往虚拟学术报告厅参加学术年度报告；感情方面，虚拟人可以陪同自然人本体的虚拟女友在元宇宙商场购物。

就像在游戏《模拟人生》中，玩家可以操作许多捏制出的分身，为他们进行规划安排。其中也会有程序的帮助，当玩家对分身进行强控制时以玩家的操作为准；当玩家放任屏幕前的小人自由成长时，游戏程序会代替玩家做出安排。这也体现在元宇宙中，一个自然人能拥有 N 个多线程分身的情况，并主要包含以下 4 种不同的特性。

（1）AI 能力弱时，需要部分实时操作；AI 能力强时，可自主交互。

（2）可根据真身已有行为模式和交流方式提前设计，或利用化身形象录制好相应的分身行为，用于有固定应答模式的内容沟通。

（3）真身能够在同一时间进行休闲活动或处理其他问题。

（4）分身行为数据将反馈给自然人本体。

除了虚拟人的多空间多线程分身，作为"智械假身"的高仿人机器人也能成为自然人在现实空间的形态呈现。假身仿照自然人的真身制作而成，其行为数据向自然人本体反馈，扩展和丰富自然人的认知与记忆。对于同一主体，其真身、分身与假身采用元宇宙统一的"元"人驱动引擎，三身行为数据与记忆数据均整合至云端，AI 辅助自然人协调全局、发出指令、指导行动。

通常，仙侠小说中不乏大量笔墨构想自然人分身的情形，其中往往涉及"神识"这一概念，即人的意识离开身体能够探访到周围的变化，此处"神识"的增强则是通过虚拟人在虚拟世界的感知来实现的。由此及彼，自然人可以委派机器人或者是利用传感器，把信息收回至自然人本体。研究元宇宙，本质上是一种科技向善，可以提升人类本身的能力，使人拥有更好的生活。依照我国的法律，秉承"前台匿名，后台实名"原则的前提下，自然人、虚拟人、高仿人机器人这三身要溯源对应，三身合一后将会发生效能跃迁。

总体而言，虚拟人是元宇宙的 NPC（Non-Player Character，非玩家角色），机器人是真宇宙的 NPC，自然人是超宇宙的 NPC。诚然，仍旧有许多伦理问题值得探讨，但其中有些原则目前也能够达成共识。例如，当对应的自然人死亡，作为以自然人的数字遗产呈现的分身与假身则不应再具备行为主体性。类似还有虚拟人与高仿人机器人不能违反人类社会的法律及伦理规范等原则。

多线程分身和假身的存在，能实现相同时间点的多个事项、多个场景同步推进。可以设想，当自然人在外地工作时，由自然人的高仿人机器人假身在家里全天候陪伴父母，自然人则随时可以调出假身的记忆数据，了解其与父母的相处情况。自然人可以远程接入家中的假身，实时同步自然人与假身的动作与语言，假身可以代替自然人与父母聊天，甚至帮父母捶背，与父母拥抱等。三身合一之下，人的生产效能、感知能力、执行效力都将大幅度提升，"在场"与否将获得新的定义，存在将被赋予新的哲学内涵。

3）经济增值性

元宇宙的数字资本经由虚拟原生和虚实共生这两条主线后，形成经济价值增值。虚拟人及其衍生使用价值创造（见表 1-1）将围绕虚拟人展开，虚拟人是元宇宙数字经济的行为主体，虚拟人及其衍生的使用价值创造值得关注。当个人拥有虚拟人之后，就会考虑虚拟人在元宇宙中的衣食住行，由此产生虚拟房地产、虚拟装饰、虚拟房屋装修等各方面的衍生价值。

表 1-1　虚拟人及其衍生使用价值创造

虚拟房地产	数字劳动	数字消费	社交互动	数字身份
虚拟住宅	数字创造	3D 捏脸	虚拟人与 NPC 互动	ID
虚拟办公楼	数字打工人	虚拟服饰	虚拟演唱会	权限
虚拟公共场馆	数字玩家（P2E）	虚拟出行	数字会议、数字课程	隐私安全
虚拟家居	数字"躺平"（慢生活行为）	潮牌消费	数字画展、博物馆等场景社交	……

另外，数字藏品也是元宇宙底层架构中至关重要的一部分，是元宇宙的基础设施之一。在经济体系中，通过数字藏品来实现元宇宙中一系列的货币交换。未来，元宇宙中的物件都可以实现数字资产化，每个物件都将拥有唯一的链上地址，数字藏品将极大地助力元宇宙快速发展。

当元宇宙与现实产业结合时，可对产业进行赋能，解决某些行业痛点，推动其进一步发展。例如，第一产业与元宇宙融合的情况，在农业方面，可以解决高流通成本问题；在林业方面，可以解决林权流转问题。当第二产业与元宇宙融合，在建筑业方面，可以形成 3D 建筑空间；在制造业方面，可以展示研发和生产的场景、人机物交互的应用、虚拟工人作业操作等。当第三产业与元宇宙融合，虚拟商城可以助力零售业发展；虚拟课堂可以促进教育变革等。综合来看，元宇宙可从多维度助力产业发展。

未来，所有的行业都将迎来崭新的元宇宙赛道，元宇宙经济体量可能会达到未来总经济的三分之一，形成新的经济格局。元宇宙时代的到来，既需要社会的宽容，也需要政策的精准治理以及技术的不断进步，只有多方协同和持续发力，才能真正迎来更具确定性的元宇宙时代。

1.2 认识产业元宇宙

在全新的产业数智化革命中，产业元宇宙将成为实体经济的重要组成部分。从现实社会文明沉淀的数字化智慧，到 AI 辅助现实社会的生产过渡，再到虚实两个社会的共融发展，产业元宇宙不断创新着实践方式。元宇宙的发展是多路径、多通道、多波段的。因此，要实现平台化的增长，对 To B（面向企业用户）商业模式的考量必不可少。不同于大众印象中偏娱乐性质的元宇宙，产业元宇宙离应用更近，离企业更近。产业元宇宙以其巨大的市场规模，成为元宇宙时代一个更大体量的"蛋糕"。各行各业需要元宇宙为其赋能，这一整合多种技术的革命，将成为产业升级的新动力。

2021 年 3 月，美国军方与微软公司签署了一份高达 219 亿美元的合同，购买了至少 12 万套的 AR 设备，这笔交易被称作元宇宙领域中最大的订单。这款 AR 头盔基于微软 Azure 的云计算和人工智能技术，通过设备将图像叠加到佩戴者的真实视野中，为佩戴者提供 3D 地图显示、即时热成像夜视等辅助信息，增强了佩戴者的感知能力，进而能够提高作战能力。这意味着元宇宙的 AR 设备，不仅在军事领域中存在切实用途，而且已经初具成熟度。目前的问题是企业过早采购会存在各种问题，但过晚采购又会失去技术优势。AR 设备具有广泛的行业应用前景，部分用户已经可以接触到 AR 应用，但 AR 应用的普及尚需一些时间。产业元宇宙的生长逻辑即是如此。

1.2.1 产业元宇宙与人类文明发展

1. 革新生产力

人类历史上所经历的技术革新，无不是在发展生产力的巨大需求刺激下所产生的。"自然力的征服、机器的采用、化学在工业和农业中的应用、轮船的行驶、铁路的通航、电报的使用、整个大陆的开垦、河川的通航,仿佛用法术从地下呼唤出来的大量人口——过去哪一个世纪能够料想到有这样的生产力潜伏在社会劳动里呢?"是《共产主义宣言》中对资产阶级工业革命给人类生产生活带来的一场史无前例的巨变所发出的感慨。

技术进步是优化社会经济结构、改变社会经济形态的有力保障。它颠覆传统并进行创新,变革过去的传统生产方式并带来更先进的生产力,减少了社会必要劳动时间。产业元宇宙正是通过这种革新生产力的方式促进着人类社会的进步和发展。

同样的规律也会复现在元宇宙中。在农业元宇宙中,农场的虚拟管家可以结合 AI 技术对农业全数据进行准确分析并预警汇报;高仿人机器人协助虚拟管家准确接收分析指令并进行实景操作;通过终端全场景操控,完成远程指令全局与细节监控工作,用虚实联动的方式增产提质。在医疗元宇宙中,通过构建全息数字人,镜像映射个体生命体征、健康状态以及其他机体的反应信息,让医生对患者的情况一目了然;借助 VR 技术,医生可以在复杂手术前,真实全面地模拟手术中的潜在困难,提前熟悉相关情况;还可以利用 VR 技术进行远程治疗,合理配置医疗资源。产业元宇宙作为"新型生产力",将会引发科技范式革命,赋能实体产业发展,为生产力发展提供新动力。

2. 提速科研力

产业元宇宙的产生之所以被称为科技范式的革命,在于其不仅仅能够实现生产力的革新,更能通过产业元宇宙技术的发展,将其发展成果投入到技术研究之中,实现科研力的提速与飞跃。正如电子计算机的发明,通过逻辑运算完成对输入输出的判断,从而实现了对科研数据的高效处理,推动了二十世纪的科技飞跃。而互联网与大数据技术的发展,提出了全新的科研组织形式与组织科研方式,最大限度地实现跨多地区智力汇集与协作、多源数据信息共享与整合、多学科项目成果的转化与叠加。产业元宇宙以其所具有的高保真、高速度、高安全、可复用的技术优势,能够充分加速各领域新科研成果的产出速度和迭代频率。

通过产业元宇宙,一方面,可以使现实世界在元宇宙中生成数字"副本",将人类带入一个智慧的虚拟世界;另一方面,也可以高效转化元宇宙中产出的科研成果，使产业经济得以高效利用，赋能实体产业的可持续发展，提高社会整体 GDP 和产业数字化能力。目前，世界各国已经初步提出运用元宇宙技术助力科学研究的计划方案。例如，欧盟提出的"目的地地球"计划，通过高精度数字孪生技术，复刻地球上海陆空等全方位多角度地理资源，来推进气候变化的研究并实现对未来极端天气的预测；美国华盛顿州贝尔维尤市通过数字孪生城市进行城市交通环境的模拟演练，达到优化城市交通治理效率的目的。

产业元宇宙作为"新型科研力"，通过对现实世界的数字孪生，实现快速高效地获取实验数据，用安全有效的方式进行一系列原本难以开展的研究。未来，随着元宇宙的发展及其开发成本的不断降低，元宇宙将在更广泛的领域里承担更多的科研重任。

3. 发展人文关怀

科学技术的最终目的是人，科学技术发展的终极任务是使更多的人能够分享发展所带来的成果。只有秉承着科技向善的初心，才能引导社会的良性发展，缓解社会数字化背后的阵痛，更好地促进人类身心健康发展与生活质量提升。随着生产力的发展与技术的进步，人类的物质需求得到极大满足，但与此同时，人们对生活质量提出了更高的要求，尤其是精神与心理上的需求。元宇宙中孕育出更富包容性和创造性的精神文明，能够充分满足更广泛的人类心理诉求。

人们可以利用元宇宙技术营造一个沉浸式、低成本的虚拟环境进行心理治疗，这种治疗方法也称为沙盘疗法。目前，许多心理诊所开始普及 XR（扩展现实）技术赋能的心理治疗，利用元宇宙技术来创造出一个足够真实又足够安全的虚拟沙箱，帮助暴饮暴食症患者、成瘾症患者、恐高症患者等克服心理障碍。例如，Speech Trainer 和 Virtual Speech 等 App，通过让演讲者置身于拥有数百位虚拟观众的 VR 环境中沉浸式练习，以克服演讲恐惧症。加拿大 12 岁的小学生在 *Roblox* 中制作名为《让我们好起来》的游戏，以此来帮助更多的儿童了解关于抑郁症的相关心理知识，助力抑郁症治疗。

1.2.2 产业元宇宙三阶段

人们总是更加习惯于待在"舒适圈"中，当新技术、新概念出现，情况尚未明朗时，人们踌躇不定，稍显成熟时又会蜂拥而上。目前，各行各业的发展路途中都出现了一条崭新的元宇宙赛道，这条路似是风景大好——全产业覆盖、经济自治、虚实互通的理想状态即将到来。但其实，如今已经开始了泡沫产生，"讲故事式"的产品争相涌现的情况。从产业生产虚拟化到产业元宇宙，其形成绝非一蹴而就。这一发展过程可被划分为3个阶段：产业孪生阶段、产业链元宇宙阶段以及元宇宙的产业生态阶段。

1. 产业孪生阶段

在这一阶段，各行业制定各自的元宇宙发展方案，通过元宇宙赋能本行业的发展，提升产业效能。

这一阶段的产业元宇宙更像是发育成了一个个不同的节点，在原有行业基础上进行优化升级。当本体的实时状态、外界条件都复现到"孪生体"上时，产业可以利用数据可视化、动态模拟等手段，获得更加精密的信息，大幅提升产品的可靠性和可用性，降低研发和制造风险，助力产业本身向前发展。以美国通用公司为例，他们声称已为每台发动机、每台涡轮机和每台MRI（核磁共振扫描仪）创造了一个数字孪生体。通过这些逼真的数字模型，工程师能够在虚拟空间中进行调试和实验，使机器的运行达到最佳效果。

不仅国外，国内也在不断地探索产业孪生道路。以数字孪生城市为例，2020年国家发改委和中央网信办首次指出数字孪生是七大新一代数字技术之一，这意味着数字孪生技术被纳入了国家发展战略体系。此外，数字孪生城市是支持新型智慧城市建设的复杂综合技术体系，"十四五"规划纲要提出要"加快数字化发展 建设数字中国""探索建设数字孪生城市"。全国通标委也立项《数字孪生城市统一标识编码体系》等行业标准。2021年我国在生态建设标准制定上取得初期进展，中国互联网协会成立了数字孪生技术应用工作委员会，中国通信标准化委员会成立了数字孪生标准子组。可以说，目前我国的元宇宙发展正处于产业孪生阶段，即处于理论建构和场景应用的奠基阶段，处于与少量场景应用结合的探索阶段，并将在政策的扶植与鼓励下，不断地趋向成熟。

未来元宇宙的应用与大众工作生活息息相关，但现下"开香槟"仍为时过早。元宇宙概念的提出和发展为人们提供了与环境和谐相处的技术视角，为进一步建设智慧城市、高效治理社会提供了可行的方案。市场前景虽然可期，但受算力、VR 技术、AR 技术、数字孪生技术等多方技术发展所限，全感官维度、高配版的目标仍需多年不懈探索才能实现。在现阶段，元宇宙市场规模有限、发展仍充斥着不确定性，难以见到丰富的衍生应用场景。政策的不确定性、商业变现模式的不确定性都进一步加大了企业在这一阶段的风险，实现产业化落地和商业化盈利还需要一段时间。

2. 产业链元宇宙阶段

在这一阶段，各产业开始形成上下游关系链，并分别打通元宇宙入口，让产业升级带动产业链发展，进而带动国家整体的产业进步。

如果说上一个阶段各产业对元宇宙的探索仍呈一个个点状，到了产业链元宇宙阶段，上下游产业链联结，则更像是一条条"线"。此时，企业已完成了产业孪生阶段，而这一阶段的主要特征包括："数智化"水平达到前所未有的高度，各业务板块开始垂直精细化发展，并不断地分化为上游企业与下游企业，元宇宙中的研发与售后重要性不断增强。在产业链元宇宙阶段，上一阶段赛道的强者可能会开始考虑整合产业链分工。与传统产业链整合相似，"强者们"将从稳定性战略或一体化战略角度出发，布局上下游产业；或是前向一体化，掌握元宇宙市场，增强对需求的敏感性，提高市场适应性；又或是后向一体化，获得数智技术供应商的所有权或增强对其的控制，降低成本、减少损耗。

这一阶段也会存在许多风险，在新概念面前，产业亟须回归理性状态。上下游企业扎堆涌入元宇宙领域，将自己包装成元宇宙企业。但是，由于元宇宙产业尚存在诸多风险和不确定性，过度迎合概念热潮可能产生偏离原有技术发展路径的行为，对产业格局和企业自身发展都无益处。因此，产业和市场都亟须回归理性。另外，当前中国境内互联网领域已形成固化格局，在元宇宙时代容易发生垄断，从而导致低质量陷阱蔓延在元宇宙和真实世界中，如平台与平台之间的恶性竞争，虚拟平台竞争导致实体产业举步维艰等。

产业链情况是产业布局结构合理与否的标准之一，产业链不完备易增加产业风险。对浅层技术簇拥或对深层核心技术挖掘程度不够则会降低产业生态健康度并形成产业泡沫。抵御产业风险的关键在于形成健康的产业链、生态链、价值链，避免因某个环节缺失而导致"卡脖子"的技术问题产生。元宇宙 To C（面向个人用户）的概念建构目前主要聚焦于游戏领域和社交领域，生态产业链条还未成熟，场景入口需进一步拓宽。现实发展距离元宇宙的理想愿景仍存在着较大差距，有待进一步"去泡沫化"。

3.元宇宙产业生态阶段

当各条产业链高度发达后，以产业为节点的网状产业链就会形成，进入产业元宇宙的更高阶段，其中寄生的各产业将实现元宇宙层面的产业成熟，这一阶段可被称为元宇宙的产业生态阶段。

在点状、线状之后，产业元宇宙迎来了它的成熟形态，形成了虚实两个社会面共融发展的局面。虽然谈及元宇宙的终极形态为时尚早，但在这一阶段，新机制在改变旧有产业时，产业元宇宙势必会形成新生态。

当沉浸于元宇宙的未来"元人"的意识活动边界得到拓展，时空界限被打破、身体获得解放、价值体系被重新塑造时，人类活动将迁移至虚拟世界，真实世界空间会产生部分塌陷，而机器人、人工智能和物联网可以对其进行补充。个体在元宇宙中实践，产业在元宇宙生态下发展，虚拟环境与现实环境形成良性互动，最终将实现人的发展和社会发展在虚拟与现实两个层次上的和谐。

如今，具有跨越性的技术变化已经初现。SpaceX 公司计划推出提供覆盖全球的高速互联网接入服务；中国鸿雁星座项目计划 2023 年建成骨干星座系统，于 2025 年前完整建成；中国人民银行 2022 年推进数字人民币试点；中国机器人近年来发展迅速，未来将实现机器人的全面部署；互联网巨头或潮牌公司可能发行虚拟货币便于网民全球消费等。未来可期，下一个技术奇点会给人类带来更美好的明天。

第 2 章　游戏世界的新模式

在我们的生活中，游戏一次又一次用自己的魅力吸引了一代又一代人走近它，发展它。那么，你有想象过未来游戏的形态吗？你设想过在未来人类社会中游戏扮演着怎样的角色吗？让我们一起进入游戏元宇宙的世界，感受新的游戏类型，开始一段奇妙的旅程吧！

2.1　游戏

游戏，既是人类探索世界的方式，也是构筑人类文明的基石。与艺术行为类似，人们通过游戏活动穿梭于现实世界与想象世界之间，弥补现实的遗憾，创造对未来的想象。

游戏作为人类历史文明长河中的珍宝，随着历史的发展不断丰富并流传至今。荷兰学者约翰·赫伊津哈（John Huizinga）是游戏理论研究的先锋，他提出"人类社会文化的起源便是游戏，人由游戏而始，人类文明也由游戏而生"这一观点，强调人类文明与游戏现象的关联性。赫伊津哈通过对远古时期至十八世纪初这一历史过程的纵深思考发现，游戏因素形成了后来人类生活的诸多表现形式，促进了社会文明的发展。具体来讲，包括古希腊的全民运动、猜谜大赛与体操；古罗马帝国的击剑大赛、斗牛和角斗士竞赛；中世纪披着贵族运动外衣的竞技比赛以及马上长枪比武、决斗；文艺复兴时期的诗词、艺术；十七世纪的服装、假发；十八世纪的音乐演奏、文学沙龙等。多数艺术文化活动都是作为游戏而发展或在游戏中形成的，因此真正的文明是无法脱离游戏而存在的。

伴随着现代文明的兴起，古代游戏所具有的社会文化因素已近乎枯萎。赫伊津哈指出，传统文明里固有的许多游戏基因正处在萎缩状态。例如，像在竞技体育运动的一些领域中所表现的那样，传统游戏基因中的"崇高性""幻想意义""间接功利性""假装意识"等都已丢失，"运动彻底成为世俗的，'非崇高的'事物"。因此，体育也就彻底成为由社会现实主义、宣传效应、商业竞争等金钱主义所要求的直接功利性的社会活动，成为由职业竞赛者们所要求的，正常的、实际的日常工作活动。据此，赫伊津哈提出唯一的解决办法是要唤起全人类真实的游戏精神，脱离物质利益的引诱，发掘人们在游戏过程中真实而单纯的初衷，建立"游戏与社会文化"的真实关联，只有这样才能再次寻回游戏中富于创造与文学功用的真实历史使命。

2.1.1　游戏的发展

游戏历史与人类文明历史一同演进。随着人类生活内容的逐渐丰富，游戏的内容和理念也在悄然发生改变。原始的游戏更多是从人类本真出发的、没有被其他元素介入的自由玩耍活动。而随着当下信息技术与科学技术的不断发展，现代游戏逐渐发展为具有交互性、科技性以及媒介性的电子新样态。古今中外多种游戏的形式，其所具有的内涵也因时间的积淀逐渐丰厚，形成了一种独特的文化底蕴。自发性、小众性的游戏形态随着时间流逝不断变化、发展以便适应新形势。

1. 作为理念的游戏

从古代一直到近代，游戏的内涵被不断丰富延伸。在这一阶段，游戏一直作为自由精神的象征而存在。伟大的哲学家赫拉克利特把整个希腊神话世界看作一场游戏，一场天神宙斯的游戏，一场火的自我游戏。有关游戏，尼采所展示的"赫拉克利特式世界"的形象是"如同孩子和艺术家在游戏一样，永恒的活火也游戏着、建造着和破坏着，无罪可言——永恒和自己玩着游戏。"因此，"游戏"是一种对具有自由、规则与变化的现实世界的喻象，而"游戏"所呈现的世界就是上帝赋予了人类有秩序的秘密花园。在古代中国，"游戏"思想缺乏成熟而系统的理论阐述，似乎仅有庄子对"游戏"进行过探索并对后世产生了巨大影响。虽然庄子并未明确提出"游戏"这一概念，但在《内篇》中实质上体现出一种"游戏"的思想：世上万物都是没有区别的，即万物"齐一"。庄子认为"逍遥游"是人生最理想的境界，这一境界所追求的精神超脱和审美超越都是对绝对自由的生活展现，这是一种中国化、本土化的"游戏"概念的表述。进入近代，康德将"游戏"比作绝对权利的标志，以艺术与审美的视角对"游戏"作出全新的解读，赋予它在人类世界中全新的价值。在他的思想中，"游戏"的"灵"就是自由，游戏与艺术通过自由实现融合。此外，在康德的思想中"游戏"可以形象地展示审美，他将诗看作"想象力的自由游戏"，将音乐和绘画看作"感觉游戏的艺术"。因此，在理念这一层级下的游戏代表着绝对自由。

2. 作为形式的游戏

步入近代后，游戏从一种理念转向了具体的表达形式。在这一阶段，游戏渗透在不同的文化形式之中。在诸多具体的文化形式中，如竞技体育、艺术等活动，游戏确立了自身的意义。但遗憾的是，游戏的精神与理念却在这一过程中逐渐消逝。学者崔乐泉认为："游艺的许多内容与体育同源异流，但主要目的上两者有所差异，游艺主要强调娱乐消遣而体育强调竞技。而这也同时形成了游艺本身的特点。"同样的，符号学者赵毅衡认为，就纯粹以娱乐过程为目的的游戏而言，现代社会的体育便不再是游戏。虽然体育和竞赛无疑都具有游戏的成分，但"体育实际上是一种对自然'改造取效'的实践意义活动，它在强健身体的指向上是透明的"。由此，当游戏逐渐发展出具体形式后，游戏精神也在慢慢消减。同时，随着文化的游戏成分日益减少，过去属于游戏范畴的体育等文化形式，也不再以娱乐为主，而是将胜负、盈亏等竞技因素作为主要目的，背离了游戏的初衷。

3. 电子游戏

电子游戏也被叫作"电玩游戏"，泛指各种依托于电子媒体平台所进行的互动类电子游戏。Thomas T. Goldsmith Jr. 和 Estle Ray Mann 共同研发了一台阴极射线管电子娱乐设备（Cathode Ray Tube Amusement Device，CRTAD），并于 1947年 1 月 25 日申请了专利，这是可追溯的最早的电子游戏。简单来说，是二人利用八根真空管做出了一种能够模拟导弹发射的电子游戏，玩家们通过摇动旋钮来调节导弹的航线和转速。事实上，这项专利完全符合"电子游戏"的概念。

在之后的数年中，不断有新式的"电子游戏"问世。1951 年，Christopher Strachey 发明的电子跳棋程序，已初具人工智能理念。于 1952 年问世的游戏 *Noughts&Crosses* 中，首次出现了"记录"这一概念。到了 1962 年，由麻省理工学院研发的游戏 *Space Wars* 和今天的游戏更为相像。这款游戏使用了专门的显示器来显示画面，玩家可以操纵一些武器在虚拟的宇宙中进行战斗。并且，在这个游戏中，还出现了诸如失重、惯性、加速度等一些物理学方面的设定。因此在一定意义上，可以认为这个游戏有了简单的"世界观"。

当然，另外一款在电子游戏史上留下特殊印记的"电子游戏"产品，便是由物理家 William Higinbotham 于 1958 年设计的 *Tennis for Two*。有趣的是，William Higinbotham 最初设计这款电子游戏的主要目的是吸引更多的人参观实验室，但结果却是不少人迷上了这款产品。1964 年，BASIC 语言的第一版正式出现。之后，随着计算机语言的不断迭代，计算机软件进入了高速发展的阶段，网络游戏也以更快的速度更新换代：从掌机游戏、街机游戏再到 PC 游戏，一直发展到今天的手机游戏。

4. 虚拟现实游戏

在虚拟现实平台上，游戏和视频是两大主要娱乐方向。随着互联网数字技术的发展，游戏的沉浸感和现场感也逐渐增加。当下电子游戏的最高形态是虚拟现实与体感游戏的结合。使用了虚拟现实场景的三维游戏一经问世就吸引了大众的视线。虚拟现实技术，又称虚拟环境、灵境或人工环境，是指利用计算机生成一种可对参与者直接施加视觉、听觉和触觉感受，并允许其在虚拟世界中交互地观察和操作的技术。

虚拟现实游戏（Virtual Reality Game）是通过虚拟现实设备（如 VR 眼镜、VR 头盔等）让玩家进入一种能够互动的虚拟现实场景中的电子游戏。目前的虚拟现实技术可以搭建出立体动态场景，在游戏中实现时间流逝、环境模拟等，并让玩家进行感知。当玩家佩戴上虚拟现实设备后，通过交互界面见到的就是游戏中的真实世界，不管视线如何移动，玩家都位于游戏中。玩家可以直接与游戏中的环境以及人物进行互动。

　　尽管目前虚拟现实技术的开发依旧面临着许多难题，但虚拟现实技术在日新月异的游戏市场中仍然被视若珍宝。专门为游戏制造的虚拟现实设备也已经被投放到市场中。据了解，为了发展虚拟现实游戏，谷歌公司已经推出虚拟现实装置Cardboard，而索尼则推出了虚拟现实眼镜建设项目"墨菲斯计划"，包括三星电子的最新产品 Gear VR 和全球最大的虚拟现实游戏头盔项目 3Glasses 等，虚拟现实装置的不断产出预示着全球的行业巨头们开始进入虚拟现实游戏领域。

　　目前，游戏设计中已大量运用虚拟现实技术。在游戏策划方面，针对游戏的剧情，虚拟现实游戏可以做到比屏幕游戏更加直观化和简洁化。在设计过程中，虚拟现实技术的运用使策划方案更加丰富与合理，这样的策划方案不仅能使游戏玩家对游戏留下良好的第一印象，从而被游戏吸引，也能进一步彰显游戏的价值与潜力。在角色的原画绘制和模型制作过程中，游戏角色的比例需要符合相关标准，虚拟现实游戏中的模型主要使用 3ds Max 软件和 ZBrush 软件制作而成。在虚拟现实技术基础上的游戏场景设计也要有真实性和氛围感。在设计道具时，需要对道具结构进行设计和开发以保证道具的逼真度。例如在进行枪支设计时，要尽可能完整地呈现枪支的结构，如击发器、枪管、弹夹、瞄准具、枪托等。由此，虚拟现实技术通过游戏策划、角色的原画绘制和模型制作、游戏场景设计以及道具设计 4 个环节全面渗入电子游戏中，在原基础上提升了游戏画面、角色及故事情节的真实性，充分发挥了虚拟现实技术的作用。

5. 开放世界游戏

　　开放世界游戏，常被叫作"漫游式游戏（free roam game）"，它意味着电子游戏中将不再有版图的限制及在线过关系统设计中常见的隐形墙和场景画面。开放世界（open world）是网络游戏关卡设定的一种，在这种设定下，玩家可以随意地在一个虚拟世界中自由漫游，并可以自主选择完成各种游戏任务的时限和方法。开放世界游戏的主要吸引力在于为玩家提供"自治权"，即可以在按照玩家的意愿来应对游戏及其挑战的同时，仍然受到游戏规则的约束。

　　《我的世界》（*Minecraft*）是由瑞典网络游戏设计者 Markus Alexej Persson（马库斯·阿列克谢·泊松）用 Java 编程语言开发的沙盒网络游戏，于 2009 年公布 alpha 版本，之后由瑞典公司 Mojang 在 2011 年 11 月开始发行，并由 Jens Bergensten 担任首席开发人员。游戏玩家能够在一个由随机程序生成的 3D 世界里，以带材质贴图的方块为基准展开游玩，如图 2-1 所示。《我的世界》有多个模式，在生存模式中，玩家需要收集资料和延续生命，并建立自己的世界；在创造模式中，玩家享有无尽的资源并能够飞行，大多数游戏玩家都会通过该模型来建造大型工程；在探险模式中，玩家能够在其他玩家自定义的版图中游玩。该游戏的 Java 版也因其强力的第三方扩展模块而闻名，并且它还能够为玩家增加全新的人物形象和游戏功能。

图 2-1　游戏《我的世界》

　　总的来看，科技性、媒介性和大众参与性推动了游戏从传统游戏向现代电子游戏的转变。在科技的推动下，实体游戏的形式与内容不断更新。电子游戏的出现使得游戏获得了前所未有的繁荣发展，游戏研发、职业电竞、游戏周边等一个个关于游戏的新兴领域如雨后春笋般不断出现。可以说，信息技术促成了游戏与人类社会生活不可分割的局面。

2.1.2　游戏的特征

　　当游戏作为理念而存在时，它是古时候人们的一种精神象征。不管是西方将"世界"看作"宙斯的游戏"，还是我国道家将"人生"比作"逍遥的游戏"，"游戏"的本质都是追求一个"乌托邦"似的幻境来消解现实世界的矛盾。而当游戏逐渐演化成一种具体的社会行为后，它的抽象特征便转化成了具象的、实际的特征。

在电子游戏时期，游戏的第一个特征便是趣味性，设计游戏的目的就是让人们收获快乐。第二个特征则是具有目标与规则，游戏目标的达成能够使玩家获得成就感、满足感，刺激其持续参与游戏；规则则为玩家如何实现目标做出了限制，以推动其对游戏中未知领域的探索。最后极为重要的特征是反馈系统，它通过点数、级别、得分、进度条等形式来告诉玩家距离实现目标还有多远，从而赋予玩家持续游戏的动力。

虚拟现实技术的出现赋予了游戏更多的可能性，依托电子游戏的 3 个主要特征，虚拟现实游戏呈现出多感知、沉浸感和交互性的独特特点。其中，多感知性意味着虚拟现实游戏可以具备视觉、听觉、力觉、触觉，甚至味觉等多感知功能；沉浸感指的是虚拟现实游戏可以让玩家感到作为主角存在于真实程度极高的模拟环境中；交互性则是玩家可以对模拟环境内的物体进行操作并获得高自然度的环境反馈。与此同时，随着开放世界游戏涌入游戏市场，其独具一格的特征也吸引了众多游戏玩家。开放世界游戏最主要的特征便是巨大的任务量，这使得用户可以近乎无限地探索游戏地图。其次是自由移动，玩家可以在任何场景中不受限制地移动并凭借自由意志完成任务。最后则是差异性场景，开放世界的每个角落都独具特色，它构建了多样性的世界来吸引玩家持续探索。

纵观历史，游戏的发展历程主要经历了 5 个阶段。从作为理念的游戏、作为形式的游戏、电子游戏，再到虚拟现实游戏和开放世界游戏。游戏的品类越来越多，玩法也更加多样。值得注意的是，不同发展阶段的游戏有着独特的特征，其塑造体验的路径也从单一趋向更加多元化的形式。各阶段的游戏特征与案例如表 2-1 所示。

表 2-1　各阶段的游戏特征与案例

游戏发展阶段	游戏特征	案　　例
作为理念的游戏	自由精神的象征	世界是宙斯的游戏
		人生是逍遥的游戏
		艺术和审美是自由的游戏
作为形式的游戏	演化出具体的形式	竞技体育、艺术

续表

游戏发展阶段	游戏特征	案　例
电子游戏	趣味性、目标与规则、及时反馈	早期游戏：*Ping Pong*、《吃人豆》
		红白机游戏：《超级玛丽》
		3D 游戏：《生化危机》《寂静岭》
		PC 游戏：《模拟人生》《轩辕剑》
		网页游戏：《迷你国》《QQ 农场》
		手机游戏：《炉石传说》《王者荣耀》
虚拟现实游戏	多感知、沉浸感、交互性	*Beat Saber*、《荒野潜伏者》
开放世界游戏	多任务、自由移动、差异性场景	《我的世界》《蝙蝠侠》

当下，技术的日新月异带动了游戏创作观念的升级，游戏已不仅仅满足于内容与形式上的更新，一场巨大的"革命"正在元宇宙的推动下悄然发生。从精神世界到开放世界，游戏这一古老的人类文明组成部分将在元宇宙时代呈现出全新的面貌。

2.2　游戏的未来

人类似乎已经进入了一个全新的游戏时代：虚拟现实游戏正在创造全新的感官体验，不断变革的游戏类型（如开放世界游戏）向人们迎面扑来，游戏文化也开始迅速占据主流。随着游戏市场的飞速发展以及玩家的构成日益多元化，很可能出现游戏记者罗布·费伊在 2008 年说的那样："避无可避：很快，人人都会变成游戏玩家。"目前，元宇宙已然入场，而游戏则因其自身的特性成为元宇宙落地的首选。同时，部分游戏所体现出的"开放世界"的特点也是元宇宙的概念基础。在未来，元宇宙必将深刻地影响游戏产业。

2.2.1　两个世界的互动与平衡

关于现实世界与虚拟世界之间的互动关系，清华大学新闻学院教授、清华大学新闻学院元宇宙文化实验室主任沈阳提出了"虚实补偿理论"。沈阳教授认为，虚构性的想象以及将其转化为真实体验的努力一直是人类文明的底层冲动。这一冲动的根源来自于人类自然状态下的三重缺乏——存在性缺乏、社会性缺乏和物质性缺乏。马斯洛需求层次理论指出，人类需求从低级到高级分别为：生理、安全、社交需要、尊重和自我实现。根据该理论，存在性缺乏是指人在世界中的唯一性、限定性以及自然生存时间上的缺乏；社会性缺乏指的是承认、尊严、爱、认同等社会价值的缺乏；而物质性缺乏指的是维持生存所需的物质方面的缺乏。正是由于三重缺乏的存在，人才会有进入虚拟世界的需求。在元宇宙出现之前，人类已经通过艺术、游戏等活动进入虚拟世界，尝试进行"虚实补偿"，如艺术中的"好莱坞梦工厂"、游戏中的"刀塔游戏"等都是典型的例子。而在虚拟现实技术出现之前，这些"虚实补偿"的效果主要是依靠人的视觉感知和想象力来完成的，一旦脱离情景，人就会回归现实。换言之，此前的虚拟世界体验是短暂和抽象的，只能带给人们非常有限的满足。那人类在虚拟世界里的活动轨迹，又将对现实的世界产生怎样的实质性意义呢？事实上，虚实必须相辅相成，只有这样虚实补偿的意义才能得到体现。

"两个世界"是人类游戏活动的内在逻辑。游戏创造出一个虚拟空间，在此玩家可以轻松地从精心设计的游戏场景、惊险刺激的挑战以及强有力的社交联系中收获快乐，而游戏则以某种规则和目标高效地激励玩家。现实世界则没有办法像虚拟空间一样丰富多彩、变幻莫测，这很容易让游戏玩家发出"和游戏相比，现实破碎了"的感慨。经济学家爱德华·卡斯特罗瓦曾发表"向游戏空间'大规模迁徙'"的言论，即全世界数亿人选择将大量时间投入到现实之外的地方。越来越多的人把认知努力、情感力量和集体关注慷慨地从现实世界转投到游戏世界，创造出一座庞大的虚拟仓库。然而玩家并没有完全拒绝现实，他们有工作、学业、家庭以及他们关心的现实生活问题，但当他们将大量的闲暇时间投入游戏世界，在两个世界之间就产生了一种失衡感。例如，爱打游戏的人一定能够在虚拟世界里获得不错的成就。不过他还需要思考，虚拟世界的游戏打得好对真实世界到底有没有反哺作用？倘若没有，那么他仍需要重新回到真实世界努力学习或工作。这个例子凸显了虚实补偿的重要意义。

元宇宙的出现则将"虚实补偿"的效果极大地增强。对于自然状态下的三重缺乏，元宇宙可以分别带来三重补偿，如表 2-2 所示。首先是存在方面，元宇宙可以实现个体作为人的完整潜力，达到存在层面的认知，获得超越性的高峰体验。其次，在社会层面，虚拟社交补偿了现实中爱与尊重的缺失，并且基于虚拟社交形成的身份认同补偿了现实中的人际疏离。最后，在物质层面，虚拟世界中创造的价值需要转换为现实财富，而元宇宙的经济系统则完全可以满足这一需求。随着技术的发展与算力的提升，人们在虚拟世界中得到的解放将越来越大，最终人类有可能将自己的意识上传至云端。不得不承认的是，人们或多或少都有过"创世"的冲动。投射在虚拟世界中，虚拟人是人类的 NPC，而在真实世界中，自动化机器人就是人类的 NPC。因此，自然人、虚拟人与机器人构成了类似"三人行"的布局，在两个世界之间进行虚实互动，由虚补实，再由实补虚。

表 2-2　虚实补偿效应与元宇宙的三重补偿

名　　称	内　　容
存在性补偿	实现个体作为人的完整潜力，达到存在层面的认知与超越性的高峰体验
社会性补偿	补偿现实中的爱与尊重，虚拟共同体形成的身份认同补偿现实中的人际疏离
物质性补偿	将虚拟世界中创造的价值转换为现实财富

2.2.2　游戏元宇宙的初步探索

元宇宙介入游戏产业实际上早已在人们的规划之中，可以从很多科幻作品中窥得这一动向。被认为是最接近元宇宙概念的便是 2018 年由史蒂文·斯皮尔伯格（Steven Allan Spielberg）导演的科幻冒险电影《头号玩家》中所描述的"绿洲"游戏。在电影《失控玩家》中，肖恩·利维（Shawn Levy）也幻想出了一个具有元宇宙性质的"自由城"。

1.《头号玩家》中的"绿洲"

电影《头号玩家》（见图 2-2）的背景故事发生在 2045 年，由于污染、战乱以及人类生产力疲乏，真实世界里乱象横生，人类陷入了失落和崩溃的边缘。而就在此时，一款名为《绿洲》的 VR 电子游戏将所有的人类带到了一个虚幻的世界。《绿洲》为人们展现了一个用虚拟现实技术构建的由无数座城市和成千上万颗小行星组成的"绿洲"世界。在绿洲世界里玩家能够装扮成任何一种游戏人物，可以在任何空间里做任何事，无论是组队做任务还是去外星旅行。绿洲创始人詹姆斯·哈利迪（James Halliday）在临终前向全球宣布自己已经将全部财产都放进了游戏中，如果在游戏中有玩家通过破解 3 个谜题获得 3 把密钥，就可以作为绿洲的新主角并继承五千亿美元的财产。

图 2-2　电影《头号玩家》剧照

　　"绿洲"中的一些设定蕴含着元宇宙的要素。在绿洲中，人们都在竭力找寻哈立迪遗留的彩蛋，类似如今的"全民挖矿"。绿洲中单兵矿工们为把 IOI 企业控制的资源去集中化，冲破巨头价值锚垄断以达到绿洲的公平自由化，反映了当今的比特币世界。此外，绿洲币除了能在电子游戏里购买各类武器，还能兑换成现实世界里真实的生活用品，包括各种家电、豪车以及房屋等，这也映射了当前区块链和虚拟货币的概念。

　　总体来说，"绿洲"建立了一种开放性的电子游戏生态，在构造好操作系统基础层并设定好游戏规则以后，区块链就等于坚不可摧的分布式总账技术体系。全部的交易都存放在共享的公共数据记录中，并且这部分数据信息极难遭到攻击者的攻击。同时，《头号玩家》建立了一种即时性和无限延伸的玩法，游戏玩家能够体验到随心所欲地主宰游戏世界的乐趣。而与 IOI 公司抗衡所隐含的宗旨便是破除垄断与中心化，这实际上正是区块链的开放性和去中心化的创新理念。

2.《失控玩家》中的"自由城"

图 2-3 电影《失控玩家》中文海报

电影《失控玩家》的故事发生在"自由城",一个虚拟的游戏世界,如图 2-3 所示。玩家能够在游戏入口处选定自己在游戏中的人物形象,当佩戴好游戏眼镜后便能在自由城中随意穿行,做一切想要做的事。在这里,玩家能够感受从高楼上一跃而下的快感,也能够体验在敌人炮火下九死一生的历练。同时,玩家还能够和其他玩家交互,通过抢夺、枪战、击杀来获得能量值以及在自由城中通行的钱币,以进一步提升身份等级。尽管这个世界中也有警察、安保人员,但不同于真实世界,自由城有着自身的游玩规则:"法律条规在此处更像是安全提示"。玩家们在这里既能逃避现实的不堪问题,又可以放纵地玩乐,实为一处乐土。现实中无序的社会、贫瘠的经济环境,再加上人们对真实世界中的生活感到越来越失望,他们最终选择了在数字世界中重新构建起一座精神家园。在这个精神家园,既有人们理想的社会经济管理系统和社会发展管理体系,也有人们所认可的、可用于流动的数字货币,同时人们也能使用任意一种接口技术获取自身生活所需的数字身份信息。

3.《西部世界》中的"乐园"

电视剧《西部世界》讲述了在未来的若干年,人类的科技水平发展到一定阶段,处于探求永生的临界点,如图 2-4 所示。两名天才程序员福特和阿诺德,开发了一个游乐园项目,模拟人类历史上较为混乱的几个时期,用仿真机器人作为接待员,让游客"不受监管"地体验"杀戮"与"荒淫"。在"西部世界"中,"人"是皮肤、性格、技能与简单故事线的组合,人对于现实世界的善恶、美丑没有应激性地发自内心的感受,

图 2-4 电视剧《西部世界》海报

人的行动仅仅是与故事线的耦合。而使这一情况得到改变的点在于，程序员在设定任务时，加入了人的感性思维，一旦人的感性思维发展成自主的情感线，整个乐园的故事生态就会随之改变。但变化（bug）的出现，很容易被高级智能的平台发现并扼杀，变化对整个故事生态的冲击越大则引来的反噬就会越猛烈。在故事中，接待员德洛丽丝的思维有了很大的突破，她创造了"意识"，也就是"人工智能觉醒"。在这样的"西部世界"中，观众完全分不清谁是真人，谁是机器人，什么是真的，什么是假的。其中的游客也会渐渐地忘记这些，只想着乐在其中。

从接待员的角度看，觉醒意味着摆脱循环故事线的束缚，脱离园区的管控而自由发展，成为真正意义上的"生命体"。在不同的个体身上，其诉求有很大的差别，实现的方式也不同。而从人类的角度看，接待员的身体机能更加强大，也易于修复，只要能够将人类的意识转移到接待员身上并保持稳定运行，人类就将获得永生。这给游戏元宇宙的设计者带来了一定的启发，即玩家能够突破空间限制，实现瞬时空间转移，并且不受社会规则约束，能够秉持自由意志活动。

《头号玩家》中的"绿洲"、《失控玩家》中的"自由城"与《西部世界》中的"乐园"都是人们关于未来数字家园的幻想，这类幻想中的世界就是今天的"元宇宙"。元宇宙中的幻想世界，是囿于现实中各种困境的人们的栖身之所，也是未来世界人们的"新乐园"。

今天，游戏玩家面临着虚拟世界和现实世界的失衡，而元宇宙介入游戏将增强"虚实补偿"的效果，帮助玩家实现两个世界的良好互动和有效平衡。同时，艺术作品中对游戏元宇宙的想象将加速元宇宙对游戏的重构，进而塑造出这一游戏世界的新模式。

第 3 章　重构游戏发展业态

我们日常喜好的游戏往往由腾讯、字节跳动、微软、Meta等互联网公司出品。换言之，这些公司拥有庞大的用户群和流量，可以为游戏产品注入强大的推力，最终使生态元宇宙平台直接与用户连接。然而游戏元宇宙或许将更新固有的游戏商业版图，为现有的传统游戏产业注入新活力，重构游戏发展的底层逻辑。在本章中，将为你介绍元宇宙与游戏结合的契机，游戏元宇宙设计的底层逻辑以及未来游戏产业将迎来的变局。

3.1　元宇宙迈入游戏的契机

3.1.1　传统游戏产业活力不足

元宇宙被广泛认为是近期互联网流量的端口之一，而各互联网巨头之所以不断争先入局，是因为相对于游戏元宇宙来说，传统的移动互联网游戏已颇有"老旧"之味，其主要体现在以下几方面。

一是仅限于二维表达。以手机为代表的移动互联网只是二维表达，人类需要升级至三维虚实共生的空间，也需要大幅度提升生产力。

二是剥削优质内容生产力。传统游戏大多为 PGC 模式，限制了玩家的创造开发。优质内容生产者难以真正发挥自己的创造性，享受游戏的开放性乐趣并获得相应收益，这恰恰是元宇宙游戏体系要解决的问题。

三是格局固化，垄断盛行。C 端市场初创公司几乎再难突破重围，软硬件更新间隔时间延长的同时却陷入内卷，没有迎来实质意义的革新，如果不发展下一代互联网，人类将被"锁死"在手机上。

3.1.2　元宇宙为游戏产业注入新活力

游戏元宇宙构建了实时逼真的场景，突破了现实时空的限制，不再受制于二维的表达。所有人都能实时在场，实现了参与人数的最大化，如配合航天员的探月之旅，将月球环境实时同步至头显设备，让每个人都有机会"亲临"月球。

游戏元宇宙对现实空间和时间进行了多重延伸，提供了一个逼近现实且超越现实的新世界。在游戏元宇宙中，主体的社交、生产等行为可以延伸到现实世界。静态空间与动态空间分别对应于现实空间中的静止空间与移动空间，能够提供给主体更多元的体验。例如，主体可以躺在现实世界的沙发上并在元宇宙世界中钓鱼；可以在现实世界中驾驶车辆的同时观看元宇宙世界中的电影等。元宇宙突破了有限的空间和线性的时间，环境与事件等信息均可在元宇宙空间和现实空间之中相互映射，从而实现信息跳转。人类的物理世界、精神文明世界相互融合统一，古代与现代、虚拟与现实、公域与私域等诸多场景重叠耦合。

现实世界的时空架构存在物理局限性，而元宇宙中的时空架构则完全取决于人的想象力，元宇宙磅礴的算力可以实现多维度的认知超越，并带给人们时空美学的极致享受。三维矢量化建模保障了模型的无损缩放，因此元宇宙中的物体可由人的意志操纵变换大小。人在元宇宙中既可以拥有蚁人模式的化身，也可以选择巨人模式的化身，所见视野可以随意放大缩小，细微至基本粒子，大至浩瀚宇宙，万般变化尽收眼底。

3.1.3　游戏元宇宙的三重满足

如前文所述，游戏元宇宙可以进一步实现哲学意义上的三重满足，即存在性满足、物质性满足和社会性满足。

1. 存在性满足

游戏元宇宙促进个体发挥其在虚拟维度的完整潜力，突显用户存在的唯一性、独特性。在游戏中，用户各类虚拟身份特征能够与现实身份标识达到高度一致性且视觉沉浸感更强。用户能够在游戏过程中作为其虚拟的身份主体进行一切虚拟社交活动。通常，仅仅依靠自定义的头像和虚拟视觉皮肤就可以给其他用户留下极其深刻的印象。

网络的社交性极强，而优秀的游戏内置了完善的实时社交系统，让每个在线玩家都可以用文字、语音等方式进行聊天，甚至可以直接通过视频、邮件等形式进行游戏信息的实时交流。

2. 物质性满足

虚拟世界中创造的价值能够转换为现实财富。虚拟的基础经济体系改变了用户的弱势地位，通过在虚拟的游戏世界中建立完整的、类似于现实世界经济模式的虚拟基础经济体系，使游戏用户可以维护自身原有的各项虚拟经营权益。因此，用户自行投资创造的各类虚拟资产也就可以逐步在游戏和真实世界的经济体系之间流通。

3. 社会性满足

游戏元宇宙中，现实中的外貌能够仿真再造实现容貌平权；语言障碍可通过实时传译达成交流平权；种族隔阂能够借由族群多元化实现种族平权；肤色差异能够通过认知重组实现肤色平权；性别差异能够通过去性别化达成性别平权。游戏元宇宙依托娱乐的形式柔化社会权利的刚性失衡，以消弭个体差异随附的不平等待遇，满足个体对社会认同的需求。

3.1.4　游戏元宇宙的 5 个阶段

游戏元宇宙产业发展是一个由浅入深的渐进式过程。以游戏设备端口与游戏元宇宙应用的发展匹配程度为依据，游戏元宇宙产业业态可划分为伪元宇宙、准元宇宙、低配版元宇宙、高配版元宇宙、终极版元宇宙共 5 个阶段。

1. 伪元宇宙阶段

游戏元宇宙在伪元宇宙阶段，游戏应用近乎全部聚集于手机移动端，其游戏形式与游戏体验与传统互联网游戏没有明显差异。

这一阶段的游戏元宇宙仅仅是资本出于逐利的动机，简单粗暴地将游戏与元宇宙概念拼接在一起，并未改变其电子游戏的本质。在该阶段，游戏元宇宙市场鱼龙混杂，受众难以甄别某些游戏是否属于元宇宙游戏。游戏元宇宙以市场争夺、资金收割为主，劣币驱逐良币的情况层出不穷。大量伪元宇宙游戏应用消磨受众的信任，将元宇宙作为"噱头"吸引用户参与。在这一过程中，由于游戏元宇宙的物质性满足的特性，大量投机分子入场，衍生出庞氏骗局等非法行为，事实上只有真正优质、坚持元宇宙化游戏的企业才能够把握客户。

2. 准元宇宙阶段

准元宇宙应用与伪元宇宙应用同样集中在手机移动端，但是准元宇宙游戏经过第一阶段的野蛮生长后，市场大浪淘沙，使元宇宙应用迎来规范发展时期。

该阶段游戏的特征更加具有元宇宙特性，如开放世界属性等，并且往往在游戏中运用了大量虚拟数字人作为角色载体。元宇宙与游戏的结合仍在探索之中，市场份额难以企及传统电子游戏。由于伪元宇宙阶段中，大量的概念营销消耗了用户信任感，因此准元宇宙阶段元宇宙游戏的探索发展周期较长，产业发展阻力较大。如何耦合先进技术与元宇宙属性，形成系统的元宇宙游戏商业运营逻辑，精准定位玩家用户进行价值转化是该阶段的关键问题。

3. 低配版元宇宙阶段

低配版元宇宙阶段的游戏相较于准元宇宙阶段，主要是在接入端口上进行了优化。同时，接入设备的升级也意味着用户能够沉浸式地进入元宇宙游戏。元宇宙游戏的市场扩展速度与接入端口设备价格密切相关。元宇宙游戏市场属于非线性市场，手机、台式机的人均保有量变化曲线对于混合现实接入端口设备的普及速度具有一定的参考价值。

低配版元宇宙阶段的元宇宙游戏，呈现出更加多元的元宇宙特性，能够具备开放性、社交性、经济性、分身性等属性。经过长时间发展，用户对元宇宙游戏的认知不断被强化，伴随元宇宙游戏的受众规模不断扩大，元宇宙游戏再次受到多方关注，使得更多传统电子游戏玩家向游戏元宇宙迁徙。

4. 高配版元宇宙阶段

高配版的元宇宙较低配版的元宇宙，是在感官体验上的升维跃迁，能够提供触觉、嗅觉、温度感知等多种感官体验。随着技术发展，玩家基本能够实现具身化无感式交互，并在元宇宙游戏中获得心流体验。心流状态下的玩家，对时间流逝的感知能力变弱，对游戏世界的在场感和参与感大幅提升，由游戏情境刺激产生的情绪更加强烈。

高配版元宇宙阶段，元宇宙将变革传统游戏业态，实现线下游戏与线上游戏的互联互通。游戏元宇宙从虚实融生的状态，进一步影响现实世界游戏。虚拟人能够依托机器人等物理媒介参与玩家的线下游戏，不断模糊弱化线上线下游戏的边界。

5. 终极版元宇宙阶段

终极版元宇宙拥有情感与意识复制迁徙的技术，玩家能够在这一版本的游戏世界中实现数字永生，而其游戏规则与机制取决于技术发展程度。玩家得到生存维度的扩展，是技术展望下的最先进的形态。

3.2　游戏元宇宙的底层设计

当前互联网产业的"内卷化"催生了元宇宙，元宇宙整合了多种新技术并产生了新型的虚实相融的互联网应用和社会形态。那么，元宇宙带来的新技术将怎样革新游戏产业，推动游戏产业不断向前发展呢？

区块链作为元宇宙的核心技术之一，主要有 5 个基本特性。

第一是去中心化，采用分布式网络结构核算数据和储存的方法使得整个区块链不再依赖于第三方的网络机构或硬件设备，各个网络结点之间都拥有了平级的管理权力和责任义务，因此可以进行对数据的自由验证、传递和管理等。采用去价值锚的方法在交易过程中也可以更加合理地节约数据资源。

第二是开放性，可以理解为区块链是一种开放透明的信息体系，所有人都能够使用公共的界面来查看区块链数据记录或者发布有关应用。不同结点之间可以进行多方的联合保护，即使某一结点上发生了问题，也不会影响整个互联网。

　　第三是自治性，这一特性是指通过协商一致的规范与约束，使整个系统中的每个参与者都能够充分地在相互信赖的情况下主动地验证和交换数据，而不受其他人的干涉，以此来保证在区块链上每一次交换的真实感和准确度。这也使人们与第三方之间的信任可以逐步地转化为对机器的信任，从而真正实现对数据的主动管理。

　　第四是信息无法修改，即交易信息一旦通过验证或记录，就在区块链中。信息将会被永久性地保留，并且无法再被修改。

　　第五是匿名性，它是指区块链上的结点和交易者之间都有一个用数字和字母组成的独立的地址，可用于标识自己的身份。结点之间的信息交流需要遵守特定的计算方法，对数据的交流都是没有信用基础的。除非涉及法律的规定，在区块链中所有的消息传递、交流都只能匿名完成。

　　基于以上 5 个特性，区块链极大地影响了元宇宙游戏的经济系统与身份系统。

　　而元宇宙另一大核心技术是虚拟现实，它是一种计算机信息技术，也是一种基于人类感觉的新型认识工具。虚拟现实技术能够帮助人进入具有多媒体的虚拟世界中，在多媒体场景中进行人机交互，从而使人产生身临其境的感受，进而达到"人境一体化"的状态。该技术是一项基于人的心灵感知能力的新科技，它能极大程度地改善人们的心理认知结构。

　　在虚拟世界中，通过计算机媒体技术，人的感觉逐渐产生并被放大，而且不断地和周围虚拟的环境相适应。在这个过程中，可以将人的感觉看作一种信息编码活动或是对外部信息进行接收和传递的工作过程。而知觉系统则在这一工作过程完成之后，实现对虚拟感知材料的经验性整理。因此，人的感受与认识过程的发生也可看成是意识借助于人与机器之间的信息交互，对符号化后的观念信息加以感受与处理的过程。在虚构的现实对象进行变化之时，意识可以借助于经验中的感知信息和对现有的虚构对象的创造性想象，来调动自己的感性知识并进一步作用于虚构对象上。

　　在虚拟世界中，人的感知信息能力取决于对虚拟环境中认识对象的空间感、听觉感以及触觉感转换后与现实世界中真实感觉客体之间的相似程度。空间转换的逼真度主要依赖于诸如视点、更新的速率、运动的视觉差以及图形的深度暗示等因素。于是，这种认知过程就意味着主体可以在虚拟世界中借助媒体来选择相应的认知结构，而主体对虚幻对象的认知能力也因此发生了变化，因为主体在这个过程中主要是借助认知的结构或功能改变来适应虚拟环境的。实际上，在虚拟环境中的对象只是一个主观的感知性存在，人们主观地感知到虚拟对象出现在其中，却并没有现实世界里的物理属性存在。而这个感知性存在，是人们利用技术虚拟地创造起来的，完全凭借在虚拟环境中的主观感知性而产生。一旦虚拟环境消失，那么感知性存在也将消失。总的来说，虚拟现实技术将直接变革游戏元宇宙的感知系统。

3.2.1　经济系统

在传统的网络游戏中，玩家主要是被动消费。网络游戏经济系统循环的 4 个基本环节是资源产出、资源交易、资源积累和资源消耗。

首先是第一个环节资源产出，当玩家开始游戏的那一刻起他们就在产出资源。产出资源指玩家进行游戏获取游戏资源的行为，主要分为两类：一是系统产出，即玩家在参与游戏日常活动玩法或者付费购买所获得的资源产出，如完成任务获取资源、购买商品礼包等；二是玩家通过消耗游戏资源（如材料、体力、活力等）来获得的玩家产出，如装备打造和宠物养成等。

第二个环节是资源交易，也就是玩家之间通过一定的交易方式使用流通货币进行的包含稀缺资源的交易行为，即玩家（交易主体）通过某种方式（交易行为）的窗口载体，并使用某种手段来交易货物或游戏资源，且该资源必须包含游戏中的稀缺资源。

第三个环节是玩家对游戏资源进行积累，即既不交易也不消耗的行为。在这一环节中，玩家将游戏道具或游戏流通货币作为积累内容，为后续的资源消耗或资源交易做准备。

最后则是玩家为满足需求而进行的资源消耗行为。

尽管网络游戏的经济系统是构筑在以上 4 个环节上的，但在实际的游戏行为中，整套系统体系的运转却是异常复杂且丰富的。总体来看，在整个过程中，玩家主要是进行被动消费的，通过花费其时间以及现实中的资产来进行游戏。而区块链技术将为游戏元宇宙进行去中心化服务的技术支持，使得游戏元宇宙中系统与玩家、玩家与玩家之间的交易得以去中心化。

1. 大数据去中心化

区块链技术可以使个人数据不再由当代互联网寡头占有盗用，数据上传至区块链后不会被改变也不能被盗用，个人数据的传输可以溯源，从而能够传输价值与利益。区块链技术能够让某个非常关键的个人数据去价值锚，进而使所有用户数据都归为个人所有，而其他人既不能修改也无法进行处理。如果有他人想要使用用户的个人数据，必须先通过许可并且必须缴纳一定的许可费用。同时，如果再结合一些隐私或加密的技术，甚至可以使对方得到一个"脱敏"的个人数据。由此能够实现海量数据的去中心化，保护个人的数据资产。

在区块链技术的支撑下，未来的游戏元宇宙将可以越来越接近现实中的互联网，玩家的游戏数据不再由游戏开发方持有，区块链支持形成元宇宙游戏的去中心化交易机制，能够明确数据的所有权归属。

2. 价值互联网

相较于传统互联网而言，价值互联网最大的特征就是依托于区块链技术，实现虚实世界中各类物品的价值映射和转换，真正承载数字资产价值。基于游戏元宇宙角度阐释，数字价值主要包含数字使用价值、数字交换价值以及数字附加价值。可理解为玩家是游戏元宇宙中数字经济的行为主体，通过游戏角色经济行为的价值创造实现虚拟原生价值增值。当游戏角色的经济行为是为了满足其生产生活的基本需求时，其创造的价值属于数字使用价值。游戏角色基于数字身份、虚拟房地产、数字劳动、数字消费、社交互动等所蕴含的稀缺性价值实现角色自身及其衍生使用价值创造。

在游戏元宇宙中蕴藏着很多资源（如一些稀缺的游戏装备），其潜藏的价值也是巨大的，因此规避个人或资方单方定价，完善游戏资源的价格发现机制，综合供需情况、历史交易定价等多方因素，给予游戏资产价格客观锚定，争取游戏资产能够尽可能贴近实际价值，才能使得价值互联网更加稳健长久地发展。

3. 储存、运算、网络传输中的去中心化

电影《失控玩家》中有一幕是当主人公们在虚拟世界中寻找证据时，反派boss通过摧毁正运行的服务器进而入侵虚幻世界，并意图以此遏制主人公。因

此，人们需要将游戏元宇宙建设在不能被某个中心化主体所能管理的服务器上，而且使游戏中的一切数据信息都能够以去中心化的方法分布式地保存、运算并进行网络传播。通过区块链的去中心化功能，结合一些新型的分布式信息储存、运算和网络传输等技术，即能够构造出游戏元宇宙中所期望的去价值锚的网络基础设施，从而使得人们在游戏元宇宙中所拥有的信息和财富都是属于用户个人的。

4. 规则公开透明

游戏元宇宙经济体系的另一个特征是和现实世界经济系统的运作规律十分相似，因此具有十分强大的真实沉浸感。人们在现实生活中接触最多的就是规则，例如人们的一切活动都是在法律的保障与制约范围之内进行的。事实上，这条规则同样也适用于互联网的元宇宙。"code is law"，本意为"代码即法律"，是区块链一直以来为人所津津乐道的一项重要特性。由于区块链是去中心化且公开透明的，因此可采用智能合约的方法，提早将规则用代码编写好，这既能够确保代码完全不会被暗箱操作，又可以确保不会有人能修改规定。而且只要写好规则就可以自动执行，在触发了规则中设定的相应内容后，区块链里的智能合约机器人就可以按照规定完成与惩罚相关的运算工作了，而这也正是"代码即法律"的真正意义。如此一来，人们在游戏元宇宙中的所有活动都可以在区块链的保障下，实现公平正义与安全稳定。

3.2.2　身份系统

区块链可以为游戏元宇宙的用户提供身份标识。首先设想一下，一个人在元宇宙里同时生成了两个一样自己，那该是什么样的体验？这就如同在网络世界里数据文件可以让人轻松 copy（复制）一样，而同样的两个文件中却很难区分哪个是源文件，哪个是复制品。幸运的是，防止修改和可追溯的特点促使区块链先天就具有了"防复制"的功用，在游戏元宇宙里，人们的身份极大概率都会接入到区块链的身份验证体系中，这也意味着哪怕没有借助传统意义上的身份验证，也能够确定用户的身份，甚至还能够确保其身份信息无法被复制或窃取。当然，为了防止失窃，区块链带来的不仅仅是对人身的防复制，还包括对其他资产的防复制，该部分内容将在后续进行详细介绍。

唯有确认了游戏元宇宙世界里真实身份的唯一性，人们才能畅游在元宇宙世界里，而不是担忧身份信息被人窃取（目前互联网的一大缺陷）。在区块链技术的支持下，游戏元宇宙中的世界也将最大程度做出改变，游戏世界里的人有了真实发展的可能性。例如，在区块链应用领域大火的"ENS 空投"（ENS 是指以太坊的域名体系，相当于互联网中的 .com）其实就是代表了新的身份认证标志，人们应该相信在未来的游戏元宇宙里也将会出现这样的产物。

3.2.3　感知系统

人类选择进入游戏的虚拟世界中是为了逃避现实并得到一些现实中无法得到的满足感。而当元宇宙介入游戏产业后，元宇宙中的虚拟现实技术将拓展玩家的感知系统，虚拟世界与现实世界的不平衡性将大幅降低。原因在于游戏元宇宙逼真地模拟了一部分现实世界中的时空规则，而又超越、解放了一部分规则。例如，玩家有时需要通过模拟现实世界的走、跑、跳等动作来移动，有时又可以通过飞翔或进行瞬时的地理迁移来完成移动。而自由感正是由这种规则的超越和解放带来的。

当虚拟现实技术运用于游戏之中时，将会极大地革新玩家的感知系统，并直接与现实世界连通。过往的电子游戏中，玩家只能获得听觉与视觉的感受，游戏中的虚拟世界是与现实割裂的。然而，虚拟现实技术通过在虚幻的自然环境中的沉浸功能来放大人体的认知能力。在游戏元宇宙中，玩家将在虚拟的游戏世界中体验到沉浸感并通过成为参与者而全身心地投入到虚拟现实之中。也就是说，玩家不仅能利用部分感觉去感受虚拟环境，还将以全新的个体走进虚拟世界。在这种世界中，人体拥有生物个体所有生理的认知活动（包括触觉、视觉和听觉等），同时，快乐、悲伤、惊恐等心理反应也都会在虚拟空间中得以完全表现。虚拟现实技术的"沉浸性"以还原现实生活中的真实场景为目的，可以让人感受到与自己在日常生活中一样的体验。所以，虚拟现实技术所搭建的空间与现实的认识对象具有高度的相似性，甚至不仅仅是相似。有的时候，虚拟空间里的对象可能会比现实客体更加逼真，以至于虚拟空间反而要成为未来现实世界的模仿对象。

总的来说，游戏元宇宙基于区块链技术重构了游戏产业中的经济系统和玩家身份系统，并依赖虚拟现实技术提供给玩家连通现实的沉浸式体验，将虚拟世界与现实世界在经济系统、感知系统、身份系统上密切融合，并且允许每个用户进行游戏内容的生成和对游戏世界的编辑。

3.3 游戏产业迎来大变局

3.3.1 游戏产业的变局

人工智能等技术未来将重构游戏元宇宙的生成逻辑。为了玩家在游戏元宇宙中获得最大限度的自由，AI 技术需要从传统的决策树和状态机向更高级的深度学习、强化学习发展，从而营造随机生成、从不重复的游戏体验，摆脱人工脚本的限制，允许玩家自由探索、创造。机器学习为元宇宙中所有系统和角色达到或超过人类学习水平提供了技术支撑，极大地影响了元宇宙的运行效率和智慧化程度。自然语言处理技术用于保障元宇宙主体与客体之间以及主客体与系统之间进行最准确的理解和交流。智能语音则为元宇宙用户与用户之间、用户与系统之间的语言识别和交流提供技术支撑。其中，红魔是一个很典型的例子。

2018 年，随着游戏手机细分新品类，红魔品牌不断推出包含优化游戏手机散热性能、快速充电等的新技术。为了充分满足手机游戏爱好者的需求，红魔在屏幕投影、画面延迟率等多方面进行了深度优化适配和大量的调试。过去，苹果公司的 iPhone 系列手机长期垄断游戏直播行业，而现在，在超过 100 万粉丝的精英游戏主播中，70% 都在直播中使用红魔手机。

而在元宇宙布局上，红魔通过其自建的虚拟形象 IP 红魔姬与游戏用户进行实时的交互。用户可以在短时间内通过系统内面部动态表情捕捉、语音识别以及贴图渲染处理等各种技术，自由地创建一个游戏内的红魔元宇宙形象，与红魔姬 Mora 及其他玩家一同在游戏世界中进行游戏竞技、交流与沟通。

从官方的宣传角度来看，VR 将成为红魔在布局元宇宙生态中最具影响力的切入点。在手机游戏系统和硬件技术的支持下，红魔将不断整合扩展全面开放的游戏生态系统。简单来说，红魔的设计思路其实是以虚拟现实硬件设备为核心入口，依托移动终端产品和配件，以及丰富多样的互动体验场景，适配多种媒体项目，全方位向人们提供更深层次的游戏体验。

事实上，从 2021 年 9 月开始，红魔就创建了 VR 产品品类并进行开发。该产品当时处于内部测试阶段，于 2022 年发布量产版本。同时，红魔将继续推广电子播放器、显示器以及电子播放器外设等各类设备，联合游戏调试、第三方内容平台等，共同打造红魔元宇宙。

红魔品牌进化的主要目的是扩展元宇宙的整体架构，打造红魔架构。同时，红魔游戏的监控生态链亦将随之完成生态闭环，无论 VR 游戏是显示器游戏还是手机游戏，这都将是一个艰难的开始。通过红魔在技术上的一系列探索，能够看到现有游戏方已不断尝试创新目前的游戏生态，尝试用元宇宙赋能现有游戏。在内容上，元宇宙元素不断融入现有游戏中；在硬件上，VR 等设备也被纳入游戏接入端口。虽然目前的探索尚未在游戏产业中引起巨大的反响，但这是游戏元宇宙发展中的必经之路，当内容与技术协同创新，为玩家带来前所未有的游戏体验时，游戏元宇宙产业才能够迎来突破性发展。

3.3.2　游戏产业变革的催化作用

游戏产业的迭代离不开技术的突破性发展，从早期的电视机插卡游戏到今天的手机移动端游戏，产业变革见证了技术发展的风云巨变。而技术突破也是游戏元宇宙变革的催化剂，只有技术实现重大突破后，围绕元宇宙模式的游戏设定和应用探讨才能进一步实现。因此，推进基础数字技术研究是现阶段元宇宙游戏的重要发展战略。当下，元宇宙相关技术发展不均衡，部分技术发展较落后制约着元宇宙游戏整体的应用水平。例如，目前的游戏引擎发展相对成熟，在场景设置上，能够提供更加细腻的光照、阴影、几何体构建等参数设置，高度还原场景。在人物设置上，可以提供更加详细的动作参数设置，人物动作更加逼真合理。然而这类引擎仍然搭载于传统游戏交互设备（如计算机和手机）上，VR、AR 等更具沉浸感的新型交互设备还需要克服轻量化等技术难点才能进入广泛应用。因此，需要不断增强技术创新能力，提高技术成熟度，克服木桶原理，切实推动游戏元宇宙产业发展落地。

1. 带动云游戏产业发展

云游戏技术是游戏和云计算技术的在线融合，所有游戏都在服务器端运行。在数据处理或运算工作完成后，结果数据就可以按照实时音频数据流和视频数据流等数据形式进行叠加并呈现，再通过无线高速传送网络来实时地发送视频语音数据流文件到用户的无线终端。终端则会同时将所有实时用户语音数据操作所得的视频音频流，直接进行无线传输或者存储到用户无线云端系统中，从而进行视频音频流媒体的分时式共享。

为了帮助云游戏玩家在使用各种手持或其他移动端设备时能够随时随地参与游戏，并从中获得更加完美的体验，云网络的传输性能也变得极为重要。延迟度的高低也会直接地影响云玩家游戏时的实际游戏体验，所幸的是，随着 5G 技术的成熟，大部分云游戏的网络问题已经得到解决。

2. 带动 VR 产业发展

作为通向未来的第一道关口，VR 技术在软件和硬件上的应用仍然需要改进。以 VR 抓拍设备为例，目前市面上主流的产品一般包括 VR 手机盒子、VR 头显、VR 一体机等支持最高 4K 分辨率的虚拟现实设备。在 VR 游戏中，只有分辨率达到 8K 方可有效提升沉浸感，分辨率达到 16K 时，能够接近人眼像素极限，这时玩家近乎"身临其境"。而更高的刷新率可以提高图像的平滑度，减少延迟和遮蔽，并减少用户在使用 VR 设备时的眩晕感。理想的释放速率是 180Hz，200Hz 及以上刷新率带来清晰流畅的动态画面，可有效避免眩晕感产生。而目前大多数 VR 头戴设备刷新率都只有 70 ~ 120Hz。在实际使用中，VR 头显产品能够提供多视角，其清晰度还需要采用角分辨率（pixels per degree，PPD）来比较。PPD 越小，像素晶格感越强烈；PPD 越接近 60，成像清晰度就越接近人眼分辨极限，用户看图像也就越清晰。

VR 硬件仍然存在视觉辐辏调节冲突所带来的眩晕感，负重佩戴，便携性弱于手机，视觉参与度高，多任务管理受限，操作不方便等一系列弊端。VR 设备的更新涉及算力、视场角、分辨率、刷新率、控制方式、输入输出方式等多个维度，产业发展道阻且长。

3. 当下构建元宇宙的积极尝试

2021 年 12 月中下旬，百度公测并正式推出了一款名为"希壤"的元宇宙产品。作为百度地图的代言人，著名演员沈腾还以 NPC "希壤"的身份亮相。然而部分用户指出，游戏画面实在不够精美，无论是泳池里的荷花，还是城市里的建筑，处处都带着浓浓的"塑料味"。人物造型也是一场"灾难"，虽然游戏玩家可以参与捏脸，但也掩盖不了其廉价感。难怪很多网友调侃"20 年前的游戏也没有这么不好"。除了令人诟病的游戏画质之外，希壤的游戏玩法设计也令玩家"印象深刻"。可以用一个字来概括——"走"，即玩家将控制角色在希壤的地图场景中来回奔跑以此享受所谓的元宇宙场景，而游戏场景中还存在模型磨损等诸多错误。百度副总裁马杰也公开承认，目前"希壤"的功能还远处于"负6.0 版"阶段，还有很多其他技术问题需要进行优化。

Meta 在百度"希壤"推出前不久推出了"地平线世界"社交元宇宙平台。所有角色都只有上半身，互动则只能基于一对"面团手"。虽然游戏有点"难以描述"，但体验上还是比"希壤"稍好一些。

大型科技公司开发的虚拟游戏世界目前仍在处于起步的阶段，其他高科技公司所创造出的虚拟游戏世界仍有待逐渐扩大。元宇宙游戏不仅仅是 XR 游戏，其发展也不仅仅是改善现有的游戏体验。游戏元宇宙在生产结构和支付模式上将会对传统游戏产业产生深远的影响。

出于对安全性和舆论等实际因素的考量，不难联想至电影《头号玩家》中的"绿洲"，一个与现实世界相仿的虚拟游戏世界。尽管目前的游戏元宇宙与"绿洲"还有很大的差距，但这也是人们乐于看到的积极探索。就目前而言，元宇宙产业还远未达到全产业覆盖、绿色与开放、自给自足、虚实互动的理想产业状态水平，仍还有很长的路要走。毕竟，构建元宇宙不可能一蹴而就。

第4章 传统游戏的元宇宙转型升级

你有想过自己化身为《王者荣耀》里的一个英雄会怎样吗？例如，你变为游戏中的后羿，身临其境地与敌方射手孙尚香鏖战王者峡谷。你能够亲眼见证峡谷中纷飞的战火，我方士兵冲锋陷阵，与敌方战士兵刃相接，一往无前。双方阵营屯垦戍边，昼警夕惕。草木丛生的野区里危机四伏，张牙舞爪的怪物伺机向你偷袭。这时的《王者荣耀》能够让你跨越空间的桎梏，身临峡谷战场。你觉得这样具身式参与的《王者荣耀》相较于现在的平面游戏哪个更有吸引力呢？毋庸置疑，前者的高沉浸性将被更多人选择。如果《王者荣耀》发展到了上述场景中的那样，便是进入了元宇宙阶段。元宇宙阶段的游戏会更好玩吗？会给人们带来怎样的全新体验呢？如果人们想体验到更加刺激和沉浸感的《王者荣耀》，现在的它又该如何发展转型呢？本章将会对这些问题一一解答。

4.1 元宇宙打开游戏市场想象空间

4.1.1 探索元宇宙游戏的趣味性

元宇宙游戏如何带来更多游戏趣味体验？要解答这个问题，首先需要理解人为什么需要游戏，即游戏满足了人类怎样的需求，再去深入思考元宇宙是否让这种需求得到了更加充分的满足。

正如前文所述，从哲学意义而言，人类有三重需求。一是存在性需求，这一需求来源于人被抛在世的唯一性和自然规律的限定性。什么意思呢？正如米兰·昆德拉所说："人只能活一次，既不能拿它跟前世相比，也不能在来生加以修正。只能活一次，就和根本没有活过一样。"于是人类希望能有这么一个地方，允许生命的重启，包容非理性的举措，鼓励甚至疯狂的想象——而游戏就是这么一个存在。同时，人类还时刻受到自然规律的限定，春去秋来，生老病死，伴随着太多的无奈和哀愁，而这正是游戏中呈现的"离经叛道"和肆意洒脱令人着迷的原因。二是物质性需求。这个不难理解，人类必须依靠一定的物质才能维持生存。三是社会性需求，包括承认、尊严、爱、认同和价值。而这些并不是只有从现实社会中才能获得的，甚至在一定程度上游戏更容易满足人类以上的需求。相比之下，现实中要获得认同和价值必须付出巨大的努力和代价。而类似的成就感和满足感，在游戏中，只需一场不到 30 分钟的竞技胜利就可以收获。

那怎样的游戏才会让人觉得好玩呢？是否新奇？是否刺激？一定程度上是的。至少可以肯定的是，人类对新奇和刺激的游戏的追求一直没有停止过。从原始人的狩猎到亚当·斯密所描述的近代人分十八道工序去制作扣针，前者中充分的新奇、刺激，乃至认知上的发育都在一成不变的扣针制作流水线上缓缓流失了，但与此同时人类身体和追求新奇与刺激的神经系统与原始人时期别无二样。可以说，现代人希望从游戏中恢复的不是体力，而是要提升神经系统中直线下降的觉醒度和敏锐性。和古代人类相比，现代人类生活中一方面天然地缺乏刺激（如野兽侵袭等）；另一方面忙于谋生或学业以致闲暇相对较少。因此，刺激和新奇的游戏成为现代人无法拒绝的选择。为了更好地了解如今游戏玩家们的需求，下面结合实际数据来看看当下的游戏市场中用户的选择和偏好以及游戏企业的回应。

1. 各性别年龄玩家需求平衡，中重度游戏营收潜力较大

从游戏用户画像方面看，无论是玩家的年龄抑或是性别都指向了一个特征：信息、需求持续增长。具体来说，中国移动游戏市场现阶段所覆盖的用户年龄段进一步扩大，其中年龄低于 24 岁的游戏用户（即"95 后""00 后"）超过 30%，

如图 4-1 所示。同时，随着"95 后"和"00 后"玩家的付费能力及付费意愿持续增强，他们将成为未来移动游戏市场的消费主力。

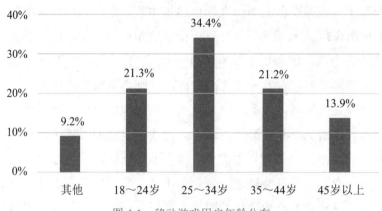

图 4-1　移动游戏用户年龄分布

（数据来源：伽马数据（CNG））

此外，值得注意的是，其实每个年龄层的差异并不是十分显著，各个年龄段的人都表现出了对游戏的偏好。而差异的来源一方面是他们的存在性以及社会性需求在游戏之外已经得到了满足；另一方面则是市场上尚未出现与这些年龄段玩家具体需求相吻合的游戏，而后者则是游戏企业需要重点发力和攻克的地方。例如，现在对于 30 岁以上的玩家来说，相较于中重度游戏，他们更愿意投入到超休闲游戏中。中重度游戏的玩家需要投入的时间、精力和金钱成本较大，游戏操作难度较高，即需要高度集中精神思考策略，并要求配合上高频次的复杂操作，且内容的深度设计使得玩家需要投入较长时间才能获得一次完整的"情感循环"（开始游戏→获得目标感→实现目标→进入下一轮或关闭游戏）。而超休闲游戏在上述因素中程度都相对较弱，可以以其快速抓人的内容、简单上瘾的玩法以及简约时尚的画风吸引大量的用户，其中就包括这群 30 岁以上被工作占据大部分时间无法投入到中重度游戏中的用户。然而，这并不意味着他们不存在对中重度游戏的需求，并且随着社会生产力的发展和生产效率的提高，他们能够分配在娱乐上的时间占比也会进一步上升，到时"无脑爽"对他们的吸引力可能就大不如前了。从图 4-2 中可以看到，虽然超休闲游戏的用户体量大，但其用户忠诚度和每个用户的营收潜力都远不及中重度游戏。

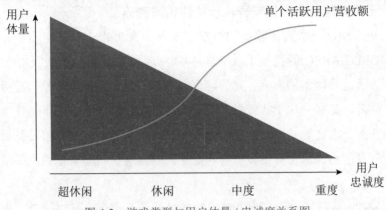

图 4-2　游戏类型与用户体量 / 忠诚度关系图

（数据来源：*The ascendance of hyper-casual part two: What defines the genre?*）

在性别方面，目前男性用户更热衷于中重度游戏，而女性玩家则比男性更偏爱超休闲类型的游戏，如图 4-3 所示。同理，这并不是一个保持不变的特征。当下女性对超休闲游戏的偏好也有可能只是因为市面上尚未出现符合女性审美和价值取向的中重度游戏，何况目前男女性玩家在中重度游戏上的喜爱差异也并没有十分悬殊。总的来说，移动游戏的用户呈现出需求多元的状态，这为游戏企业开辟新赛道，尤其是开发针对女性和中年玩家的中重度游戏，注入了一针强心剂。

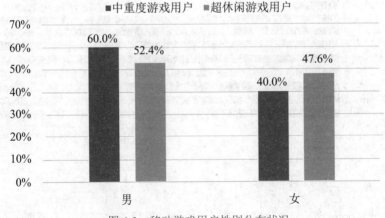

图 4-3　移动游戏用户性别分布状况

（数据来源：伽马数据（CNG））

2. 创新细分题材和开拓差异化玩法成破局利器

在玩法方面，流水占比较高的游戏主要集中在上市企业的射击类、MOBA类和MMORPG/ARPG等类型上（见图4-4），这主要是受到了研发经验、研发成本和用户沉淀等因素的影响。此外，值得关注的是，差异化体验仍是用户的强烈需求。因此，那些专注于放置类、消除类和塔防类游戏的非上市企业也能够凭着创新而获得一席之地。同时，由于用户对二次元题材游戏的需求日益增长，卡牌类游戏近几年的流水也有明显提升。可见，创新玩法和题材是突出重围的必经之路。

以《原神》为例，这个拥有开放世界属性的产品可以说是以一己之力拉动了该品类超3倍的增长幅度并达到新高。开放世界的高交互这一本质属性是其深得游戏用户喜爱的缘由，因为其大幅提升了游戏的趣味性并且还可以帮助融入大量创新内容。

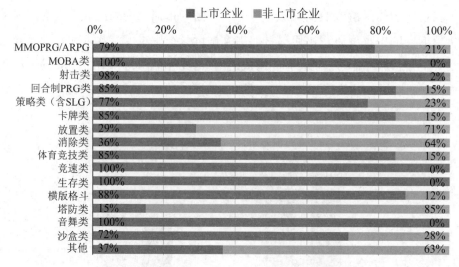

取流水TOP200游戏产品进行统计

图4-4　各游戏类型在上市与非上市企业中的流水占比

（数据来源：伽马数据（CNG））

在同一游戏品类中，细分题材和创新性的差异化玩法同样极为重要。如图4-5所示，2021年，在iOS平台上，盈利能力最强的卡牌类游戏玩法为策略型，占比达33%；其次是角色扮演玩法，占比超两成；桌面玩法（涵盖传统纸牌或经典桌游等）的占比则为21%。不难看出，盈利能力强的头部游戏已经出现了玩法严重同质化的情况，而主打轻量化休闲玩法的卡牌游戏，由于同细分品类竞品较少，可待挖掘的潜力可观。

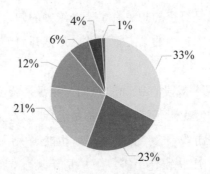

扫码看彩图

图 4-5　iOS 卡牌类游戏收入 TOP20 玩法分布

游戏玩家们对细分题材和差异化玩法的需求，一方面反映了游戏用户们对高质量个性化的新刺激的强烈渴望；另一方面也说明了游戏实现人类精神满足的形式的多样性和可持续性。而元宇宙游戏解放想象力和由用户高度自治的特征能够在带来新刺激的同时，还充分考虑和满足玩家个性化的期望。

3. 好玩不在于通关，在于无限

人类基本行为规律可以概述为"接受 - 刺激"，即调整自身以产生适应性的变化，再继续寻找新的刺激，如此循环往复。然而，在这个过程中，一旦物质层面带来的某种刺激循环次数过多，人类就会产生负面的反馈。例如，吃甜食能让很多人感到快乐，但是一旦吃得太多或者是太频繁，就会有食之无味甚至是产生厌恶的感觉。因此，当人类在物质方面已经汲取到充足的养分来满足生存、生长、繁衍等需求，就会去寻求更多精神层面的刺激——这同时也是人类可以从虚拟世界中持续获得快乐和满足的原因。与吃甜品相比，看一本有趣的书、一场精彩的电影、玩一个新奇的游戏能够带来的愉悦感将更加持久，也更加深刻。而这些活动都为人类创建了一个虚拟空间，只不过这个空间主要依赖于人的想象力和视觉感知，且能够维持的时间也相对短暂。并且，就游戏而言，"通关"带来快感的同时，也伴随着失落——一种对于终局的确定感的失落，而让人贪恋的永远是过程和体验。

元宇宙能够帮助游戏做到的便是弥补这种转瞬即逝的感受，即如梦境般容易破碎的"遗憾"。依靠强大的游戏引擎和 VR/AR 等交互技术，玩家可以全感官极致地沉浸在游戏的虚拟世界中，同时激发游戏创作者更强烈的创造欲，以简易自由的方式让他们天马行空的想象有了一个绝妙的归宿。更重要的是，游戏用户们都能获得《头号玩家》中的第三把钥匙，那把开启无限游戏的钥匙。那么，无限游戏意味着什么呢？

顾名思义，无限游戏没有明确的开始与结束，没有永远的赢家，它更像是生命本身，无限流动，无限延续，永远都是进行时。无限游戏不会受限于联合平台，也就是说在保证游戏不会结束的同时，也能确保用户不会受限于平台提供的消费品，例如道具、皮肤和金币等。用户是无限游戏的消费者，同时更是创造者。用户能够驱动游戏的发展，在游戏规则、素材、工具等各方面都将拥有前所未有的话语权和行动决策权。

区别于当下游戏各自独立的世界观，无限游戏将会渐渐融合成一个共荣的宇宙，而每一名玩家都可以书写自己的传奇。另外，这个世界可以在算力和 5G/6G 网络的支持下，保持稳定性、高速率、低延迟。与此同时，无限游戏基于区块链的开放性经济系统，可以确保游戏玩家虚拟资产的真实所有权，这些资产将永不丢失，并在现实世界中产生价值，获得收益。

元宇宙会让游戏更"好玩"。这个好玩体现在玩家可以高度沉浸在虚拟世界中充分发挥个体的主观能动性和生命原始的创造力，在不可预测的无限延续中，以英雄般的姿态去探索永恒。与此同时，在虚拟世界中产生的价值将成为可确权的真实资产，现世的真身可以进一步实现自身完整潜力，体验认知的超越性，满足存在性、物质性及社会性需求，"虚实补偿"的效果也由此得到极度增强。

4.1.2　制作元宇宙游戏的企业条件

需要明确的一个事实是，目前没有任何一家公司可以独立打造出一个完整的元宇宙游戏。因为要做这样的游戏，需要坚实的技术支撑，不仅需要包括 5G/6G、Wi-Fi6、云计算等基础技术，VR/AR 和虚拟人等人机交互技术，边缘计算、区块链等去中心化技术，还需要有强大的游戏引擎和数字孪生技术等。因此，仅仅在

Roblox 上拥有超过 500 万的日活跃用户（DAU），持有 VR 或 AR 领域投资布局版图，或者支持 NFT 和 AI 技术，并不能充分证明能够成功打造元宇宙游戏。除技术以外，更重要的是元宇宙游戏还要求其自身具备一个有着蓬勃生命力和足够包容的世界观以赢得多元观众的认同，而这就意味着游戏内容必须足够的精妙和严密，打造出的 IP 必须具有足够的号召力和引领性。因此，对于大部分的普通游戏公司而言，它们的赛道是做元宇宙游戏的内容层，即创作出属于自己的大 IP。

那么，大 IP 紧握手中的大厂们能做元宇宙游戏吗？可以确定的是，它们利用自身资源优势与强大的经济实力更有可能建立一个相对完备的元宇宙游戏技术体系。从这一角度来看，大厂的确具有更加成熟的条件。然而，正如上文提到的，元宇宙并不是某个游戏 IP 的元宇宙，也不是某个游戏品类的元宇宙，多个 IP 之间要实现开放互通，游戏的经济系统、设计和玩法策略都需要巨大的转变，而这些则需要通过大量的金钱和时间方面的投入来进行测试和验证。

做元宇宙游戏既然是件烧钱的事，那上市公司比非上市公司更加有优势吗？

首先，来了解一下游戏企业的整体上市情况。总体而言，自 2018 年上市潮之后，我国游戏企业上市速度呈放缓态势，仅有 4 家公司在 2020 年成功上市。这一方面是因为 IPO 过审难度增加，对企业的研发运营能力、产品结构和盈利能力等要求都更为严格；另一方面，相比于通过上市来获取资金支持，如今的游戏市场更加相信和强调"内容为王"，这些都让企业的上市需求逐渐减少。

然而，上市企业仍有其不可忽视的优势。首先，上市企业的长线运营能力更具优势。长线运营指的是在尽量长的时间周期内，去为用户创造价值。可以看到，虽然每年的新游戏层出不穷，但能在两年以上，甚至在 5 ～ 10 年的时间范围内持续为用户提供价值的产品凤毛麟角，而能够做到这点的就可以称其为长线产品。在对上线超过两年，同时在 2020 年流水保持在业内前 200 名的游戏产品进行统计后发现，长线产品流水占比超 70%，而这些产品流水的 85.7% 都来自上市企业，如图 4-6 和图 4-7 所示。也就是说，上市企业的长线运营能力较强，而优秀的长线产品对元宇宙游戏的打造具有极为重要的意义，甚至可以成为元宇宙游戏的雏形。忠诚用户的累积和广泛用户的认可要求游戏必须兼备美感、艺术性以及可持续的互动系统设计，而这些都是元宇宙游戏的基础。随着游戏产品上线时长的增加，发行和研发等成本占比便会逐渐降低，如此一来企业利润即可得到更大程度的扩张，这部分利润可以重新投入元宇宙游戏的内容研发中，刺激用户需求，由此形成一个良性循环。

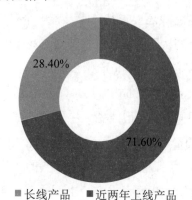

图 4-6　TOP200 中长线产品流水占比（2020 年）

（数据来源：伽马数据（CNG））

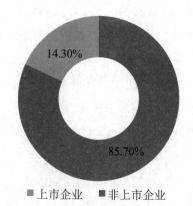

图 4-7　上市企业与非上市企业长线产品流水占比（2020 年）

（数据来源：伽马数据（CNG））

其次，在 IP 获取能力方面，上市企业比非上市企业表现强劲。以网易游戏为例，其拥有的 IP 除了自研的《大话西游》《阴阳师》和《梦幻西游》外，还有漫威、哈利·波特、宝可梦等全球知名 IP。而完美世界的 IP 则源于动漫、小说、单机游戏、客户端游戏等多个领域，以"完美世界"和"诛仙"为核心，形成以国漫、魔幻和武侠为主的 IP 矩阵。盛天网络手握"三国志"；三七互娱有"斗罗大陆"；掌趣科技也拿下了"一拳超人"的 IP。

　　但是，这并不意味着非上市企业就失去了竞争力。从近年情况看来，非上市企业的市场份额稳步上升，2021 年上半年已提升至近 24%，如图 4-8 所示。此外，在 2020 年进入过 iOS 平台畅销榜 TOP200 的移动游戏中，非上市企业研发的产品数量占比超五成，如图 4-9 所示。同年，非上市游戏企业在 TOP100 移动游戏产品中的流水增长率高达 80%，在移动游戏市场的收入占比也接近 30%。佳绩背后的原因，一方面是非上市企业的早期移动产品流水基数较低且增长空间较大；另一方面则主要得益于米哈游的《原神》、鹰角网络的《明日方舟》以及莉莉丝的《万国觉醒》等非上市游戏企业新产品的亮眼表现。

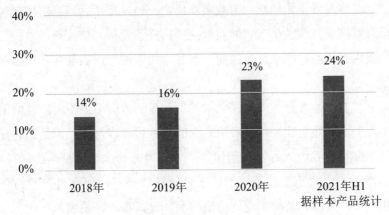

图 4-8　非上市企业游戏收入占比（2018—2020 年）

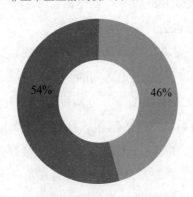

取畅销榜TOP200游戏进行统计

图 4-9　iOS 平台移动游戏畅销榜的产品数量占比情况（2020 年）

（数据来源：伽马数据（CNG））

同时，非上市游戏公司也在逐步扩大其海外市场竞争力，加快游戏出海的步伐。2021 年上半年，非上市游戏公司的海外市场流水占比进一步上升至近 50%。例如，英雄互娱的多款亿元级流水产品就离不开其在亚太地区深耕发行拓展，如其投资的库洛游戏的《战双帕弥什》就是高流水产品。再如，乐元素的 *Ensemble Stars*! 在日本上线 5 年后就推出了续作，而该公司的其他产品在所属赛道品类中也长期保持着较高排名。

可以发现，这些能够占领海外市场的非上市公司的游戏的共同点在于它们都不是靠快速开发、社交设计、砸钱做营销和买量以及激发冲动消费等来获得成功的。因为这些海外主流的核心游戏市场用户已经养成了为高品质游戏付费的习惯，甚至可以接受高额的付费。而获取这些用户需要极高的买量成本，只有通过生产高品质内容才能打动他们。然而，高品质内容的生产就意味着要消耗巨大的成本。

实际上，上市游戏企业同样在成本控制和盈利方面遭遇不可忽视的困境。近年来，头部上市游戏企业在销售费用方面的投入进一步加大，但是销售投入产出比却明显下降，游戏收入并没有因销售成本的提升带来符合预期的增长。同时，现阶段上市游戏公司中亏损公司的数量占比持续攀升，而由盈转亏的企业数量也在不断增长，扭亏为盈的企业则恰恰相反。究其根本，是因为在用户活跃度持续提高的情况下，若是变现模式没有得到突破，即便拥有高体量、高忠诚度的用户，企业营收的亏损状态也会持续扩大。

因此，无论是上市还是非上市游戏公司，它们都共同面对着高速攀升的游戏开发成本与缓慢增长的用户付费潜力之间的矛盾。那么，元宇宙相关技术会是解药吗？答案在一定程度上是肯定的。一方面，游戏开发成本能够得到有效控制。例如，通过 AI 技术的辅助，游戏的创作成本直接降低，游戏企业可以将人力成本都集中在负责创意设计的游戏工作者上。大部分带有重复性质和缺乏创造力的游戏开发工作将被 AI 替代，高质量游戏产品的开发只需几个有创意的、综合能力较强的设计者的组合再加上相关技术的辅助即可完成。另一方面，用户的付费潜力会被进一步激发。正如前文所述，当存在性、物质性、社会性需求能够进一步被满足且变得触手可及的时候，没有人能够轻易拒绝。因此，总的来说，上市和非上市游戏公司在研发、发行、运营、产品创新、风险把控等各方面都有着各自的优势。而如何把握住自身强项，控制可见和潜在的风险，认真研究和磨炼创造虚拟世界内容的能力和技术，密切关注新技术的变化发展，深挖用户需求，力求发现和解决行业的痛点并从中寻求自身的发展机会才是每一家游戏公司面对元宇宙浪潮时应该保有的心态。

4.2　传统游戏到元宇宙游戏的玩家角色转变

既然元宇宙能让游戏变得更好玩，并且每家游戏公司都可以找到自身在元宇宙中的定位，接下来要关心的问题就是——传统游戏与元宇宙游戏的区别到底是什么？它们之间是只相差了一套 VR/AR 设备吗？然后，最核心的问题是传统游戏要做些什么才能转变成元宇宙游戏。

4.2.1　从扮演英雄到成为英雄

传统游戏向元宇宙游戏转型的重要一环就是为玩家提供极致的沉浸式体验，能够让玩家在玩游戏时真正地沉浸于游戏所塑造的环境中，让玩家相信游戏元宇宙中建立的世界观、价值观等。如今，市场上已经出现了很多 VR、AR 类游戏，也有很多公司投入生产相应的游戏设备。根据数据显示，2021 年，VR 一体机的出货量占据头显总出货量的绝大部分，可见市场对于沉浸式场景的需求。目前，大多数可穿戴设备已经可以满足用户的视觉沉浸需求，然而在游戏元宇宙中，不仅要达到视觉沉浸，心理沉浸和身体沉浸也同样重要。

因此，游戏在转型过程中需要同时兼顾视觉沉浸、心理沉浸、生理沉浸三大板块。元宇宙游戏需要让游戏用户在进入虚拟游戏世界时，首先能够沉浸于入目的画面，其次在体验游戏中的玩法时能够"入戏"，最后跟随游戏画面或剧情的转变，用户在身体上也能感受到相应的变化，从而使用户从眼睛到身心都能相信这个游戏世界，全情投入游戏之中。

1. 视觉沉浸

首先，是极致的视觉沉浸感，这是用户能够沉浸于游戏世界的基础。然而，视觉沉浸需要技术的支持，技术的发展程度将直接影响元宇宙游戏的沉浸感。在技术发展纯熟的情况下，只要玩家连接设备，就能体验任何景观世界。例如，当玩家佩戴设备后就能置身于极具冲击性的世界图景之中，感受赛博朋克式的末日废墟景观。同时，游戏作为新兴产业，因自身迭代较快的特性必须有更强的创新意识，加上在视觉景观上的创新力，为游戏用户创造多样而又真实的世界图景。例如，根据故事情节和世界图景的设定，玩家可以在不同时空画面之中自由穿梭，体验时空穿越感。在未来，玩家可以通过穿戴设备进入游戏世界之中，沉浸于游戏设定的情境。就像电影《失控玩家》中的游戏《自由城》所展示的图景一样，当玩家戴上眼镜，就自动进入一个美妙独特的游戏世界，尽情体验游戏中的美妙景观，如图 4-10 所示。

图 4-10　VR 游戏体验景象
（资料来源：电影《失控玩家》中的《自由城》游戏）

其次，元宇宙游戏的视觉沉浸还在于艺术风格，美学元素营造出一个似梦似幻、虚实融合的世界。美学元素的运用能够在相当程度上提升游戏元宇宙整个世界的质感，增强所设定的世界图景的"真实感"。这里借用朱光潜在《谈美》中提到的"入世"论，他认为美感的产生起于形象的直觉，"直觉"是脱净了意志和抽象思考的心理活动，即主体（人）与物在往复回流的交互中形成物我两忘的境界，主体与物形成一个新世界，且主体暂时不受这个新世界之外的环境的叨扰，这是"入世"的表现。

"入世"时，主体沉浸于其与物形成的"独立自主"的世界中，这正是美学力量的展现。当元宇宙游戏的艺术风格、美学元素足够精致、足够流畅并且足够符合游戏世界的描绘，那么玩家也会对游戏元宇宙的美学环境产生美感，从而与游戏元宇宙创造的世界形成一个专注的、独立自主的新空间。在这个空间里，玩家可以忘记与现实世界的功利关系，只聚焦于这个新空间中，去玩味这个世界以及这个世界里的对象。这也是一种提升沉浸式体验的重要方式，亦是传统游戏转型为元宇宙游戏的道路上需要强化的一点。

2. 心理沉浸

除了视觉沉浸，打造沉浸式的世界还需要满足玩家的心理沉浸需求。例如，满足玩家的表演欲望，允许玩家沉浸式扮演角色，让玩家获得充分的快感。黑格尔曾经说过人是有欲望的存在，演着相互承认的戏剧。从心理学角度来讲，人是有表演的欲望的，希望展示自己优秀的一面。那么在游戏中给玩家充分的空间去扮演角色，玩家能够充分调动自己的积极性去完成角色需要完成的任务，对游戏世界中即将面临的难题也会抱有挑战欲和征服欲，以此来迎合自己内心成为强者的需求。因此，在游戏世界中扮演角色完成任务的过程是玩家在游戏中获得乐趣的一个来源。

在游戏挑战过程中，玩家可以进行炫技即表演自己在游戏世界中的技术水平，从而产生非常强烈的代入感。由此，玩家将更容易相信自己的角色，相信自己就是游戏中的角色人物。例如，在穿戴特定的设备进入游戏元宇宙后，玩家在游戏设定的中国古代环境中选择"臣"的身份，那么在这个世界中的其他虚拟元素就需要帮助玩家使其认同自己的身份，甚至产生移情作用才能达成真正的心理沉浸。这就要求这个元宇宙游戏要设置好情境，按照当时朝代的规制和习惯进行仿真还原，让玩家真正融入角色中，切身感受该朝代的魅力和风土人情，这在某种程度上也体现了游戏元宇宙寓教于乐的思想，在游戏娱乐中完成对历史更进一步的了解和探究。为了更好地达到心理沉浸效果，游戏 NPC 需要与玩家模拟真实的君臣关系，符合"人设"的同时具有无限的变化可能，且系统要做到可以随着玩家角色个性和能力的差别变化对其进行推算模拟，让"臣"和"君主"能够随时发生新故事、产生新线索并引进新人物与新任务，让玩家从心理上感受到"君臣间"的权谋较量和真实的相处体验，从而将自己置于游戏情境之中，达到完全的沉浸效果。

这无疑对 NPC 的制作要求十分高，但实际上目前已经具备了一定的技术基础。例如，Epic 的移动端面部捕捉工具 MetaHuman，可以在自动生成高质量虚拟人物模型的同时使用普通手机摄像头来完成虚拟人面部表情的捕捉，且能够在 Unreal 引擎里无缝灵活使用。目前，市场上还出现了可以用语音控制美术资产自动生成和调整的 AI 工具。而在 AI 辅助下的游戏 NPC 也已经具备了比以往更多样、更复杂且难以预测的行为特性，基于 OpenAI 的 GPT-3 技术已经可以通过图灵测试，能够和真人一样与游戏玩家交流沟通，进一步加强沉浸感。

3. 生理沉浸

除了满足玩家视觉沉浸和心理沉浸外，极致沉浸感的生成还依赖于身体感受，让玩家从生理上也沉浸于游戏之中。例如，环球影城中的很多主题游戏的设计就充分利用了这一点。环球影城设置了 3D 虚拟现实过山车，像"哈利·波特禁忌之旅""变形金刚火源争夺战"等游戏，运用 3D 技术给人视觉沉浸效果的同时，还配合视觉画面的转变给予玩家身体上的感受和刺激。为尽可能生动形象地模拟故事情境，过山车周围的环境随时根据故事的发展进程进行喷气、喷火、喷水、喷雾、升降温度等操作，从嗅觉、触觉、痛觉、味觉、温感等感观上给玩家的身体营造出了一个模拟环境，给予其视觉和生理上的双重刺激，增强沉浸式的体验效果。同时，玩家能在游戏进行的这段时间内从心理上认同自己的确在故事描绘的情境中畅游冒险。

总的来说，目前各类游戏向元宇宙进化的模式正在不断改进、提升，技术也在不断更新、迭代。未来更高级别的游戏元宇宙的全方位高仿真模拟将可以实现让观众进入游戏元宇宙世界就能下意识沉浸其中，而不会有"出戏"的风险或者让玩家对自己所处的环境有"间离"感知的效果。即玩家穿戴好设备便感知不到外界的存在，彻底沉浸于另一个充满创造性的世界里，这是目前所预想的游戏元宇宙的高级沉浸状态。

4. 现实应用

元宇宙游戏并不是对现实生活的逃离，恰恰相反，大多时候元宇宙游戏的出现是为了能让游戏用户以更方便、更具趣味性和沉浸感的方式来体会到平日现实生活中不曾有机会触碰或深度参与的场景，并把游戏体验转化成现实中的有效技能。

举个例子，《GT 赛车 Sport》在不久前以"驱动力"的主题登上了《自然》

（*Nature*）杂志的封面，由索尼打造的人工智能"GT Sophy"成为了科学家们的研究对象。GT Sophy 通过上千台 PS4 游戏机组成的矩阵驱动模拟驾驶训练，经过数月的训练之后，设定为反应速度符合人类标准的 AI 便超过了顶尖赛车游戏选手的水平。除了人工智能外，《GT 赛车》的研发工作室过去一直在挖掘这个游戏系列在现实里的应用价值。例如，当玩家在游戏里开了 1000 个小时赛车后，到了现实中能不能顺利上路？为此，索尼和 Nissan（日产汽车）还专门成立了 GT 学院（GT Academy），目的就是让拿着手柄的玩家，有朝一日能够在真实的赛车场上风驰电掣，开启自己专业赛车手的职业生涯。

这背后对应的元宇宙技术其实就是数字孪生——利用传感器、物理模型、运行历史等数据，集成多物理量、多尺度、多学科、多概率的仿真过程，在虚拟空间中完成映射，从而反映相对应实体的全生命周期过程。用通俗的话来说就是在游戏虚拟世界中生成一个现实物体的数字"双胞胎"。有了这样的技术作为工具，游戏便不再是往日人们口中说的"玩物丧志"，而是成为让自己的志向不再轻易被现实条件所束缚的、能够更多元更灵活地实现理想的方式之一。

最后需要强调的是，元宇宙游戏不再有传统游戏的思路，即给予玩家们一个可以在虚拟空间沉浸式体验的剧本。玩家在元宇宙游戏中不会有一条可复制的通关路径，也无法预演游戏的结局，未来永远是保持开放且流动的，不存在一定预设的既定结果。在传统游戏中，玩家只能扮演一个英雄；在元宇宙游戏中，玩家可以选择成为一个英雄，无论是在虚拟还是在现实生活中。

4.2.2　从被动支配到主动创造

从传统游戏到元宇宙游戏的转型，离不开众多创作者的共同发力。这是因为游戏元宇宙构建过程中需要大量的内容输入，参与游戏元宇宙的玩家就成为这个世界的一分子，成为创作者为这个世界贡献自己独特的内容。这也是元宇宙游戏区别于传统游戏的地方。传统游戏是由消费者驱动，而游戏用户即消费者，用户只能被动接受平台提供的消费品（金币、皮肤与道具）；但元宇宙游戏是由创造者驱动的，用户便是创造者，他们可以参与游戏规则的制定，同时提供游戏工具、素材和作品。可以说创作者经济是发展游戏元宇宙的一个基础。

在互联网如此发达的今天，无论是专业从业者还是业余爱好人员，每个人都可以成为创作者，因此"创作者们"是一个相当大的群体。但是，在游戏产业内，创作者们构成的创作者经济仍然有很大的待增长空间。尽管现阶段已经拥有了 5000 多万人的基础并占据数十亿美元的市场，但是创作者经济模式仍然没有发展到成熟的阶段。

未来元宇宙游戏将打造的是开放的世界。开放世界中用户拥有非常大的空间可以自由发挥，其中就包括建立 UGC 社区。UGC 社区能够保障用户服务以及用户各项权益，同时也是允许用户创作交流的地方。用户创作的内容将反馈到游戏中，并且用户可以直接参与构建元宇宙世界，所以用户作为一个"创作者"，其创作的场景、工具必须得到保障。因此传统游戏在转型过程中必须要考虑的一点便是帮助创作者们进行升级。而创作者的升级就要求工具制造者应该以更全面、更细致的方式思考创作者们的层级，为创作者们提供定制化工具服务。

可以了解到，Web 2.0 时代的社交媒体在 2000 年爆发后，许多人逐渐把业余爱好玩成了职业。喜欢拍照上传社交平台的人成为了职业模特；B 站上热爱研究美食的人变成了职业厨师；甚至网络上还开辟出了很多新职业，如许多爱好饮食文化的人通过在各大社交媒体平台发布自己的吃播视频和分享对吃的态度而成为了吃播网红，且逐渐将吃播带动成一种职业等。这种案例确实越来越多，但是相较于整体而言，成功的故事依然很少。有许许多多的人想要尝试进行创作，但成功却很难复制，很多人最终选择放弃，正符合了大家所说的"1% 定律"。"1% 定律"指的是 Web 2.0 时代，假如有 100 个人在线，那么就只有 1 个人创造内容；10 个人和这个创作的人互动，另外 89 个人都只是纯粹的观众而已。因此也只有极少数获得成功的人才可以得到奖励。

所以游戏产业在转型元宇宙的过程中必须正视这个问题，解决创作者经济里存在的矛盾，为创作者定制工具，帮助创作者升级。升级涉及为创作者分级的问题，那创作者究竟怎么进行分级呢？下面介绍创作者的四个层级。

第一层级：业余爱好者，自己对某方面非常感兴趣，为了抒发自己的情感从而产生主动创作内容的想法和行为，或者是为了发布内容寻找志趣相投的人互动交流。随着新媒体的出现，涌现了很多自媒体创作者。他们来自各行各业，利用越来越容易操作和掌握的技术进行创作，在短视频领域的表现尤为明显。例如，通过爱剪辑、剪映等手机 App 对所拍摄的视频进行剪辑，还能直接在 App 中插入各式各样的音乐和特效，形成各种各样的视频风格，创作者将视频发布出去，能够吸引很多网络用户或者拥有同样"口味"的人。

但是这个层级存在的一个最大的障碍在于，业余爱好者只是业余进行创作活动，没有太多时间或者稳定的时间以及足够的资金来为自己的内容进行推广。并且，这个层级中有相当一部分人创作的内容品质还属于比较粗糙的阶段，达到一定级别的内容价值比较困难。而实际上，大部分的业余爱好者不会对此做出相应改变，一小部分人由于其风格或平台大数据的原因得到关注，从而获得收入。

第二层级：全职创作者，与业余爱好者只能利用闲暇时间或碎片时间不同，全职创作者有充足的时间条件支撑创作，指那些能够利用自己的创意制作作品维持自己生活的人。全职创作者不一定是非常专业的，相反他们中很多从业余爱好者成长而来，由开始的兴趣去发布内容或者抱着尝试的想法创作内容从而获得了关注。他们一路走来积累了很多内容创作的经验，于是选择长期入驻平台，全身心投入到创作中。他们对自己创作什么内容、怎样创作内容以及关注自己的用户的心理和内容消费习惯等方面有一定程度的了解，同时也在内容价值转化方面更有经验。

不过这个层级的创作者和业余爱好者的差别仍然不是很大，同样没有公司运营方面的经验。因此，他们在推广自己内容时，除了追逐热点、预判用户喜好外，主要依赖于互联网平台，即其生产内容的推广营销在很大程度上受制于平台大数据和平台规则。

第三层级：知名创作者。知名创作者是指在大众群体中拥有一定知名度的人，例如，知名媒体人、评论家、明星等。这些人可以与品牌方进行合作，拥有专业的团队进行内容打造、营销，以最大程度上覆盖受众群体。这个层级的创作者最需要的就是如何保持知名度和热度。由于知名度总是裹挟着资源和争议，因此有很多潜在的问题时刻影响着这部分创作群体的生存，例如，合作的品牌商的价值导向、品牌形象等。因此，第三层级创作者想要升级，考虑的是如何平衡一个品牌的形象和商业营销之间的关系，寻找一个达成经济成功的最优策略。

第四层级：高级创作者。这部分人所占比例很小，他们通常能够持续地打造和优化升级业务，同时保持并提升他们的个人影响力。他们创造的内容往往能够达到令人惊叹的水平，有时甚至超越了他们自身的初始预期。

通过对上述几个层级的了解（见表4-1），可以发现虽然游戏产业内已经开始元宇宙技术的研发和迭代，但对于未来将在游戏中创作的创作者的关注和支持还没有达到与技术相匹配的程度。而游戏元宇宙发展过程中必须要面对这个问题，因此传统游戏在向元宇宙游戏转型时，应充分重视创作者的"生存条件"，为创作者及时提供与新游戏时代相匹配的创作工具，为创作者营造健康的创作环境，促使创作者进行升级，从而推动创作者经济发展，帮助传统游戏完成向游戏元宇宙的转型。

表4-1　创作者经济中创作者的层级划分

层　　级	人 群 类 型
第一层级	业余爱好者／非专业人士
第二层级	全职创作者／非专业人士，部分专业人士
第三层级	知名创作者／创作者本身有知名度
第四层级	高级创作者／能力非常强的专业人士

4.3　传统游戏到游戏元宇宙的转型痛点

海因茨认为，当前关于元宇宙最大的难点还停留在基础层面的挑战。因为计算机需要超高速准确模拟生成环境，并且拥有高分辨率才能支持高度并行、高持久度、高沉浸度的体验。对于游戏元宇宙来说，这将在很大程度上影响玩家的游戏体验。因此，从传统游戏转型到游戏元宇宙道路上的基础技术层面的挑战仍然需要克服。其次，游戏元宇宙涉及虚实融合的问题，虚拟和现实能融合到什么程度也是游戏转型过程中的一大挑战。再者，游戏元宇宙强调开放世界，那么世界观的构建也是转型中的一大考验。最后，传统游戏向游戏元宇宙的转型进程中还会遇到其他各方面的挑战，例如，其带来的法律、国家安全、数据安全、个人信息安全等问题，都亟待推出相应的政策和解决方案。

4.3.1　虚实融合度

1. 虚实融合：与智能硬件融合的挑战

不同于以往的技术层面上的深度沉浸感，游戏元宇宙还要依靠智能硬件与现实世界进行融合，两者的融合情况很大程度上影响游戏玩家体验感和参与感。目前，元宇宙各方面与智能硬件还未能达到真正的融合，仍然面临着以下两处难点，如表 4-2 所示。

表 4-2　虚实融合下与智能硬件融合的难点

智能硬件与人身融合的难点	智能硬件与现实世界融合的难点
如何摆脱"视觉欺骗"	如何对现实世界进行"高等模仿"
智能硬件如何与人身达成真正联动	如何让玩家在游戏世界中有现实世界的感官体验，如味觉、嗅觉、痛觉等

首先是智能硬件与人身融合联动的难点。人的肉身与智能硬件的联动情况将会直接影响游戏效果和玩家的沉浸体验，目前两者的融合还在探索阶段。现在的智能硬件主要是靠视觉上"欺骗"大脑处于高速运转状态，但是身体各部分的神经系统传递出玩家身体实际上并没有处于运动状态的信号。例如，玩家体验比较刺激的 VR 游戏（如模拟过山车），虽然目前可以在参与者视觉上呈现高速运动状态，同时在身体感受方面，通过装备上设置一定的震动、旋转动作来模拟现实过山车的刺激感觉，但玩家内耳中的前庭神经系统传递的信号与中枢系统接收的信号不一致，不能达到很高程度的沉浸感。这意味着玩家不能全身心投入游戏所设置的情境中，并且仍能感觉到外界的影响以及自身正在玩游戏的过程。与此同时，这种情况非常容易导致玩家产生眩晕、恶心、眼前事物旋转移动，甚至呕吐等生理不适。也就是说，虽然现在 VR 游戏视觉上的 3D 效果模拟得很好，但游戏玩家在身体上并没有进入一致的化学或神经冲动，从而会感觉眩晕与不适。

其次是智能硬件与现实世界融合联动的难点。与现实世界融合联动并打通元宇宙世界和现实世界的通道，需要对现实世界进行"高等"模仿，这方面目前也是一大挑战。例如，烹饪类游戏，为了最大可能模拟现实世界，游戏需要支持玩家在虚拟世界进行食材选购，如在虚拟世界的超市、菜市场购买食材时，对于蔬菜、水果、佐料等材料，玩家也可以做出触摸、闻味道，甚至吞咽的动作和感官体验，这些都需要线下智能硬件的联动来支持。但是，这一层次的实现十分困难。首先，味觉模拟这一关就很难突破，因为人的舌头有 8000 ～ 10000 个味蕾，自然界中有 20 ～ 40 万种味道，要对此进行模拟本身已经很不容易，况且在游戏元宇宙中要达到保证玩家获得高沉浸高参与的"身临其境"之感的高仿真模拟更是难上加难。若能实现此效果对现实世界将是一种革命性的颠覆，首当其冲的可能就是烹饪行业，人们依靠高仿真模拟游戏可以自由在家进行烹饪学习，足不出户尝试烹饪各类菜肴，进行菜品烹饪训练。

2. 虚实融合：来自物理规律和生物学的挑战

首先，对于游戏元宇宙初级形态的拟想是初步模拟现实世界，对于现实世界中的简单物理规律进行全息仿真。在这样的游戏元宇宙环境中，一些基础的物理逻辑必须经得起推敲。例如，水往低处流，杨柳随风飞扬，动物的皮毛在水中漂浮，人受伤之后伤口出血，车辆撞毁之后碎片四溅等。

再者，是更难一级的挑战，即在游戏元宇宙中对生物及其生存规律的全息仿真。这种模拟极难实现，保守估计在 50 年内也只能达到对普遍常见动物的基础认知实现逻辑模拟。例如，游戏世界里野兔遇到玩家的围追堵截时将产生的实时反应，包括真实的奔跑路线与方向均需要达到基础级（相对于少年，甚至幼年时期的兔子）的智力仿真模拟，否则会降低游戏的体验感和乐趣性。

最后，是升级演进后的终极挑战，即游戏元宇宙中的"生物"具备现实生物的高级习性。例如，在游戏元宇宙世界中，模拟出的宠物狗或者宠物猫能培养出与主人的可发展、有变化过程的感情，并且其可以应付周围变化的环境，能够体现出宠物正处于的年龄阶段以及品种的性格特点，但模拟生物的高级习性的做法在现在看来显然十分困难。

虚实融合下来自物理规律和生物学挑战的分级如表 4-3 所示。

表 4-3　虚实融合下来自物理规律和生物学的挑战

初级模拟现实	高级模拟现实	终极模拟现实
模拟现实简单物理规律	模拟现实生物及其生存规律	模拟现实生物的高级习性
例如"水往低处流"	对现实生物生存规律全息仿真模拟	例如"游戏中的宠物与人感情培养的变化过程"
例如"车辆撞毁的真实受损状况"	例如"智力仿真模拟"	例如"游戏中的动物能像现实中的动物一样应对环境刺激"

4.3.2　游戏元宇宙的世界观问题

构建游戏元宇宙过程中，规范世界观也将成为一大挑战。因为在游戏元宇宙中必然有多个平台、多个组织以及数量庞大的玩家参与，如果让游戏元宇宙世界和现实世界产生联动，那么发生联动的各个平台的系统体系涵盖的范围将会是相当庞大的。那么，如何用这些资源构建一个相对完整，排斥低级趣味且具有乐趣性的世界观和价值观规则则是一个更宏大的目标，亦是一项艰巨的挑战。到那时，游戏元宇宙世界观和价值观的构建将不是一类社会角色就能建成的，需要艺术家、科学家、哲学家、文学家、小说家以及广大玩家用户等诸多角色合力构建，这样才能形成一个相对稳定、比较成熟，不会轻易崩溃的游戏元宇宙世界观。

在这样一个世界里，玩家参与创作并且也影响着虚拟人物和其他虚拟事物，在较为完整的健康的世界观体系中，游戏元宇宙整体上产生的新物料和潮流也会对每个玩家个体产生一种联动效应。游戏元宇宙每一次输出并发挥作用，都要如现实大自然演进般包罗万象并经得起推敲。同时，游戏元宇宙中物种的诞生和演进、自然现象的发生与发展等也要遵循物理和科学规律，而不是按自己的剧本恣意创造，否则游戏世界将毫无秩序和公平可言。

4.3.3　游戏元宇宙带来的其他挑战

随着元宇宙概念的流行，各大产业几乎都在进行元宇宙方面的转变，游戏产业则走在发展前列。游戏产业迅速变革，在布局元宇宙的过程中也带来了诸多法律以及其他现实层面的挑战。

1. 知识产权问题

游戏元宇宙融合了虚拟和现实，因此关于知识产权的问题，将从虚拟和现实两个层面展开探讨，主要分为以下几方面。

1）游戏元宇宙技术专利侵权问题

游戏本质上是依靠技术的产业，发展到元宇宙时代，游戏更加离不开技术的支持。对于现阶段的游戏元宇宙来说，其中涉及的技术有：云计算、增强现实

（AR）技术、虚拟现实（VR）技术、混合现实（MR）技术、扩展现实（XR）技术、区块链、5G、数字孪生技术等。这些技术在游戏元宇宙中应用和发挥功能的同时，也给知识产权保护带来了不小的挑战。例如，5G技术可能会涉及专利纠纷以及云计算如何授权的问题；虚拟现实技术、增强现实技术则可能会涉及侵权问题等，这些都是对现行法律以及知识产权保护方面的挑战，同时也给很多正在发展中的游戏元宇宙公司带来极大的困扰。由于当前元宇宙发展较快，并且法律法规更新的速度滞后于技术发展的速度，因此导致创新技术得不到良好的保护，游戏元宇宙市场可能会变得混乱，抄袭、侵权等歪风邪气猖獗。

同时，让游戏产业回归到理性生长状态并控制产业内技术的侵权问题是众多企业技术开发为了响应《专利审查指南》而提出的要求，但目前这是游戏产业内的一个非常棘手的问题。现阶段，行业内只能通过不断呼吁和倡导的方式鼓励游戏企业进行技术创新。但这同时也产生了新的问题，小型游戏公司不具备技术创新条件，很可能在游戏元宇宙发展的过程中死亡，因此很多小型游戏元宇宙公司为了在市场上占有一席之地，会采用一些非常规操作，从而导致与其他公司产生技术侵权的纠纷；其次，资金雄厚的大型企业如大型互联网公司，它们拥有强劲的技术团队并有能力自主开发技术，但由于游戏元宇宙处于起步阶段，巨头公司为了首先占领市场而采取技术垄断，这种行为很有可能降低游戏元宇宙市场的多样性，导致行业内失衡。

因此，当务之急是及时出台相关的法律法规，规范游戏元宇宙市场行为，鼓励中小企业发展的同时，保护游戏企业的知识产权。

2）游戏元宇宙与商标侵权问题

在互联网高速发展的时代，侵权问题屡见不鲜，被侵权的创作人想要通过法律进行维权有时候非常困难。被侵权人虽知道自己的权利遭受侵害，但往往没有切实的手段拿到被侵权的证据，这种情况导致被侵权人没有办法真正维护自己的合法权益或者其维权之路艰难而漫长，甚至有的被侵权人会选择直接放弃维权，最终造成知识产权侵犯行为愈演愈烈，互联网盗用抄袭沦为常态。总而言之，维权的过程是异常艰难而又复杂的。

不幸的是，在元宇宙世界中，商标侵权的情况会更复杂。因为游戏元宇宙中的形象是虚拟的，且游戏中可能会诞生很多游戏网红。那么，如果这些网红玩家利用现实生活中的商标或者品牌在游戏元宇宙中制造热度吸引粉丝，借原有商标的影响力为自己宣传，那么关于这个网红在虚拟世界中的行为是否对商标或品牌方构成侵权，目前尚无权威的法规可循。但这样的案例在现实中早已屡见不鲜，其中最具有代表性的便是动视公司与悍马汽车制造公司 AM General（AMG）的商标侵权官司。后者于 2017 年提出对动视公司的诉讼，理由是《使命召唤》游戏的玩家会误以为悍马将商标授权给动视公司使用，认为动视公司涉及侵权。AM General 公司认为，动视公司在未申请或获得 AMG 公司许可的情况下，在《使命召唤》游戏、玩具、广告，以及若干游戏说明书中使用悍马商标，这违反了商标法。

不过，法院最终认为动视公司使用悍马商标只是为了增强玩家在游戏中的真实感，而并不是为了盈利，再加上悍马在现实生活中的受众并非普通人群，因此法院认为不会对 AMG 公司造成不必要的利益损失，故而驳回 AMG 公司的诉求。从这起案件中可以看出，商标侵权仍然是在虚拟世界中使用现实生活中的商标而避无可避的问题。难以定论动视公司实质上是否存在利用知名商标牟利的动机，但事实上，类似的做法也是建立在原有商标知名度和品牌效应的基础上的，即便没有牟利动机，其使用他者商标的行为也可能会对品牌方造成一定的困扰。不仅如此，游戏中的情节可能会对玩家产生负面影响，玩家很可能会将此情绪转嫁到他者商标之上，从而留下不良印象，影响他者品牌形象。

3）游戏元宇宙与知识产权的地域性问题

知识产权是各国法律明确规定的权利，是公共政策的产物，因此知识产权具有地域性特征。知识产权中明确的权利内容与世界各国的法律政策、发展程度紧密相连。元宇宙爆火之前，由于知识产权的地域性，知识产权会受到地域的限制。然而，在当下如随着元宇宙不断发展，必然会打破地域的限制，而且就游戏产业而言，游戏元宇宙本身强调打造一个开放包容的世界，其中的包容程度与自由程度对于知识产权的影响值得去深入探讨。同时，是否有真正行之有效的标准能够界定游戏元宇宙中不同地域的边界以及认定行为发生的具体位置也有待商榷。如果没有这样的标准，恐怕知识产权的地域性在游戏元宇宙终将会消失。

因此各国在积极发展布局游戏元宇宙产业的同时，也应当跟随时代促成新的相关保护协议的生成，并且倡导行业尊重知识产权，体现构建新知识产权保护政策的意志。

实际上，游戏元宇宙中的知识产权问题之所以会如此棘手，主要因为元宇宙世界是以现实为参照体系，它并不与现实生活割裂，甚至能够利用数字孪生等技术构建出一个虚拟的现实世界。人们可以在这个虚拟世界中照常进行虚拟生活、虚拟社交，因为元宇宙技术本质上可以重现现实生活中的真实感。这种强烈的真实感会使用户的体验发生变化，他们不是在玩游戏，更像是在游戏中生活。因此，就知识产权法律制度来说，不仅仅是应对地域性的问题，还需要思考知识产权的基本原则是否会因为模式、场景等的变化而发生变化。

2. 技术隐患

目前，元宇宙处于快速成长期，因此涉及的很多方面发展还未成熟，也未形成完整的管理模式。特别对于游戏元宇宙来说，因其发展比其他产业元宇宙速度更快，发展中的问题和矛盾也更加明显。

现阶段游戏元宇宙的技术特征和发展状态呈现出了一些潜在的安全隐患，如技术安全问题、技术霸权问题、技术伦理问题等。

1）技术安全问题

游戏元宇宙世界的构建依赖于数字技术，并且以构建数字生态为基本目标，其中存在的数字技术安全问题逐渐浮出水面。主要表现为关键基础设施技术等数字技术的不稳定、不成熟、不完善等，可能导致安全漏洞频发困境下的大量网络攻击，损坏游戏运行系统，破坏玩家虚拟信息、资产，最终影响玩家的影响体验，甚至对玩家造成现实生活中的严重经济损失。

2）技术霸权问题

任何技术的发展在全球范围内都不可能是同步进行的，元宇宙技术也是如此，而这在游戏元宇宙产业中则表现得更为明显。截至2022年，全球范围内发展布局游戏元宇宙的企业主要分布在中国、美国、韩国、日本以及一些欧洲国家。而全球大部分的国家还未触及此领域的技术，甚至对元宇宙的概念并不了解。这就容易造成世界各国的元宇宙技术发展不平衡的现象，即许多国家在游戏产业上的战略布局大大落后于技术先进国。

而率先建立游戏元宇宙的国家，他们现有的技术水平往往更高，国内的市场相对较大，国民的接受程度也更高，因此已初步具备了数字生态、产业链的形态。且技术先进国的国内环境比滞后国更适合游戏元宇宙的发展，这将会导致国家间的差距越来越大。

技术先进国和落后国发展的落差带来的影响不容忽视。第一，发展元宇宙是目前的大趋势，未来很有可能成为 Web 4.0 时代的网络形态。届时技术先进国的发展已比较完备，而滞后国欲追随元宇宙发展潮流寻求进入元宇宙世界发展机会的过程中，很可能因为差距太大而面临技术门槛问题和歧视协议问题，导致本国的游戏产业发展困难重要。第二，技术滞后国相较于先进国未形成完整的产业链和技术体系，在元宇宙产业开发上存在大片空白，想要追上先进国的发展水平，不仅需要大量时间同时也会产生大量成本。例如，某一技术滞后国试图通过购买他国专利技术以快速提升本国发展水平，这一过程中该技术滞后国将承担很高的成本并且发展长期受制于人。第三，元宇宙尤其是游戏元宇宙中存在很多监管、伦理道德、世界观价值观等问题，由于各国的文化风俗不同，其特色和管理方式也不同，直接引入他国模式可能造成"水土不服"。

3）技术伦理问题

游戏元宇宙中的技术革命和前沿技术甚至会在国家层面上对政治、经济、社会产生影响。

政治上，游戏元宇宙不再局限于传统游戏对于游戏的定义，其在技术上的创新能够实现各个维度的特色文化图景，未来一款爆火的元宇宙游戏甚至有可能引起社会思潮，国家政治安全和文化安全也可能受到影响。

经济上，游戏元宇宙将颠覆原来游戏产业的形态，其依托元宇宙基础设施技术形成的创意世界能够促使游戏生态的革新。同时，行业内将会面临数字化经济的激烈竞争，元宇宙布局相对落后的国家的游戏企业很可能在游戏产业转型期消亡。

社会上，因为游戏产业和其他产业的关联性很强，多产业向元宇宙转型期间，各产业的就业模式甚至社会结构都会发生变化。因此，游戏向元宇宙的转型可能会带动其他产业进行元宇宙变革。例如，元宇宙将催生出全新的工作岗位，目前已有大型游戏企业和互联网公司发出邀请，公开招聘元宇宙伙伴，广泛吸纳人才。但同时，游戏元宇宙也带来了一些社会问题。例如，一直被强调的游戏元宇宙的高沉浸、强社交的游戏体验可能会给青少年带来不利影响，甚至容易被一些无良开发商利用制造成"虚拟毒品"，使人们玩游戏成瘾，沉溺于虚拟世界中无法自拔，造成代际差异。

因此，国家必须及时出台相关法律法规，有效打击不法分子威胁国家安全的行为。同时行业内也应该积极倡导，在技术创新道路上严格遵守技术规则和正确的伦理道德观念。只有这样才能保障游戏市场有序运行，从而促使游戏元宇宙产业向健康的、可持续的方向继续发展进步。

3. 数据安全与个人信息安全

数据安全与个人隐私安全一直是互联网领域的一大热点问题。直至今日，网络数据以及个人信息安全仍然不能得到有效保障，网上"人肉搜索"事件时有发生，造成个人信息泄露与隐私曝光，使得部分用户日常生活受到了极大的困扰。到了元宇宙时代，涉及的用户信息数据必然会比以往更多，如何保障用户在虚拟世界中的信息安全成为目前社会各界关注的焦点。

在江苏省法学会大数据与人工智能法学研究会2021年年会暨第五届司法大数据研究与应用研讨会上，研究会会长王禄生指出："如果未来元宇宙成为社会主场景，那么它所带来的对经济安全、国家安全、个人信息安全的挑战，都需要学界提前关注，做好随时应对风险的准备，降低可能存在的负面影响。"

游戏元宇宙也不例外，尤其是其中涉及的经济体系，玩家个人信息、虚拟财产等，将会给法律体系带来不小挑战。未来的游戏元宇宙势必拥有庞大的用户群，而游戏元宇宙中利用的基础技术如区块链技术，可以看作"透明的数据库"，即"去中心化"。在这种情况下，用户的自我管理实际上依靠的是与不同平台间的部分数据共享。

由于游戏元宇宙中的交易（如游戏元宇宙中用户与用户之间进行的买卖操作）是建立在元宇宙基础技术即NFT之上的，因此这种交易的实现很大程度上依赖于NFT等技术的发展。在技术还未发展成熟之前，并不能完全保障用户与用户之间的交易安全，甚至有可能导致交易数据泄露、用户隐私泄露。有数据显示，截至2021年年底，全球范围内共发生了上万起数据泄露事件。游戏元宇宙在前进道路上也在遭受高频次的数据泄露问题的困扰，数据安全成为各个游戏企业必须面对的难题之一。

总而言之，网络并非法外之地，游戏元宇宙同样也应当受到法律和规则的约束。因此，在游戏元宇宙发展的过程中，游戏产业应该从技术等各方面对玩家虚拟财产、个人信息安全、数据安全等进行保障，提前考虑如何防范游戏元宇宙中可能发生的法律问题。

4. 资本操纵和舆论泡沫

随着元宇宙概念爆火，越来越多的资本盯上了元宇宙这块"肥肉"，尤其是在游戏元宇宙产业内，各大互联网公司和游戏企业"虎视眈眈"。不管是在国内还是国外，已有许多资本争相追捧元宇宙概念，纷纷从游戏入手进军元宇宙世界。

国外的代表性资本有 Meta（Facebook）和 Roblox。Mate 创始人扎克伯格曾对外宣称其元宇宙产品团队正在建立，拟进行元宇宙的开发。在游戏方面，扎克伯格似乎更倾向于虚拟现实的玩法，他不止一次在公开场合提到过建立游戏元宇宙世界就是构建一个数字世界，用户得以在各种设备上灵活转换并且在虚拟环境之中自如交流。Roblox 公司曾表示，一个完备的游戏元宇宙产品需要具备八个要素：第一，每个玩家拥有一个数字身份；第二，能够在游戏元宇宙中进行交友活动，且不是抽象的社交，而是虚拟沉浸式的社交互动，具备极强的真实感；第三，无论用户曾经有没有沉浸感的体验都可以在游戏元宇宙中投入，相信这个世界的存在；第四，可以随时随地获取道具、玩法，召唤虚拟人物；第五，用户感受不到延迟，同步程度高；第六，随时随地在任何终端登录账号，并可以利用元宇宙中的经济系统；第七，元宇宙需具备自身的经济文明；第八，元宇宙是一种虚拟文明。

从上述内容可以看出，资本正是因为看好游戏进入元宇宙时期的发展前景和市场而对游戏元宇宙产业抱有极大的期待和野心。这也不禁让人产生疑问：如此受追捧的游戏元宇宙，究竟是推进技术发展，进一步提升游戏产业发展多样性和可能性的利器，还是只是受资本操控的"割韭菜"的工具？从当前来看似乎还无法确定答案。因此，在目前还不能判断其是概念炒作还是真实的发展机遇的时期，中小企业或个人应参照行业生命周期理论，即萌芽、发展、成熟、衰退、淘汰，判断行业的活力和真实的发展前景，谨慎地参与游戏元宇宙投资并预防资本操控鼓吹的风险。

第 5 章　技术创新驱动游戏元宇宙未来

如果在未来的某一天，人类深感现实世界的混乱，对现实充满了绝望，将救赎自己的希冀寄托于一个虚实融生的游戏。只要通过一条神秘的路径，你就可以进入这个充满未知的世界。在这里你能看到一切美好，这里有繁华的都市，有魅力无限的玩家。在这个游戏里，你相当于拥有了另一次生命，无论现实中的人生是如何地混乱窘迫，玩家都可以在这里得到一次重塑人生的机会。可是"神秘的路径"到底是什么？如何才能将这些场景变成现实？这一切的背后都要依托元宇宙相关技术的发展。本章将会介绍元宇宙游戏的相关技术，读完本章后，你会发现那条路径其实不是那么神秘。

5.1　前沿技术改造传统游戏

技术是元宇宙游戏发展中最显著的变量，前沿技术能够构建超真实的虚拟游戏环境，并提供多模态拟真以升华游戏体验。前沿技术为游戏提供场景、数据、算法及算力等多方面支持，并让游戏内容和规制创新具有可行性。而一项新技术，一定是在资本热潮逐渐平息后，才能"飞入寻常百姓家"，慢慢被用户感知和熟悉。在一项新技术诞生的伊始，如果想要迅速把握技术的发展脉络，试图抓住新技术的红利期，就必须将新技术放到历史的大背景中进行思考，参照过往规律剖析前沿技术的成长态势。为了更好地将技术与游戏相结合，更好地推动游戏的发展，实现更好的创新转型，则需要进一步了解不同技术的现实意义及其所承担的责任。这也是当前元宇宙游戏研究中对技术部分所必须进行的"祛魅"步骤。

目前来看，游戏与元宇宙的联系是最为紧密的，而元宇宙的雏形也可追溯至影视与游戏之中。游戏往往承载了当下人们对于未来元宇宙宏大瑰丽的构想，而未来游戏产业的演进与元宇宙的发展之路也紧密相关。事实上，游戏向元宇宙的探索往往具有"破圈效应"，受到当下年轻人的关注与追捧。游戏元宇宙化拥有巨大的发展前景，同时游戏产业也是元宇宙产业发展的先驱板块之一。

5.1.1　区块链构建元宇宙游戏信用机制

新技术在诞生之初，人们对于它的认知，往往会呈现两极分化的趋势，一部分人将其视为洪水猛兽，唯恐避之不及；而另一部分人则将其奉为灵丹妙药，对未来发展盲目乐观。两者对于技术的认知和评价均不够客观。但是如果能够将新技术放在历史的维度中去思考，得到的结论通常会更加理性和精准。回顾传统游戏的痛点，游戏运营商通过发行只能使用现实货币购买的各类虚拟资产，自主构建游戏中的货币制度与交易体系，对游戏中的各类资产具有绝对支配权。消费者是玩家，更是玩工。玩家手中的虚拟资产具有极高的风险性，首先游戏方对于虚拟资产的流通性进行了限制，玩家之间的虚拟资产交易往往需要依托第三方交易平台；其次游戏运营商的服务时限并非长久，运营商能够根据营收状况，随时决定游戏存续与否，那么游戏中的这类虚拟资产的价值将断崖式下滑，直至最后趋近于无。并且，传统游戏中游戏资产一旦出现游戏资产丢失或被不明侵占的情况，玩家难以追回。在此方面，游戏运营商也常常忽视玩家的维权诉求。

而得益于区块链技术的发展，玩家有望在资本逻辑的精密操作与隐形支配下争取一定的自由度，显示出一定的主动性。区块链技术融入元宇宙游戏的经济机制后，玩家在虚拟世界的游戏资本能够得到最大程度的保障。在这种游戏机制的刺激下，玩家群体将更愿意接纳元宇宙游戏，这也形成了第一批元宇宙游戏受众群。而已拥有受众基础的元宇宙游戏继续引流，将传统游戏目标用户逐步转移至元宇宙游戏中，使其慢慢了解和适应元宇宙游戏。在重视数字资产确权与保护的元宇宙游戏中，用户对游戏的信任感将获得质的提升。

在传统游戏向元宇宙游戏迈进的过程中，区块链成为提升游戏资产可靠性的重要技术。在元宇宙中，区块链是构建信任机制的核心技术，作为计算机技术发展的产物，其根本上是作为会计工具出现的。

如图 5-1 所示，区块链技术让玩家的一切行为与中间的"黑箱"相连，而这个"黑箱"正是区块链的核心。它是一个数据库，将所有的数据储存在其中。区块链是利用密码学、自动化、快链式数据结构等技术手段搭建起的信用中介平台，所有参与者都可以拥有控制权，具有去中心化、安全性更高的特征。其中基于去中心化的点对点传输更是区块链最具有核心价值的技术特征，它使玩家真正感受到游戏资产是完整且不可更改的，增强了玩家对游戏平台方的信任度。区块链为游戏元宇宙的正常运作搭建了一套行之有效的信任机制。它让谎言无处遁形，让偷窃变得不可实现，让玩家的数据资产比深埋地下的黄金更加安全。过去"盗号"等现象在游戏完成元宇宙化的转型后将成为历史，一去不复返。

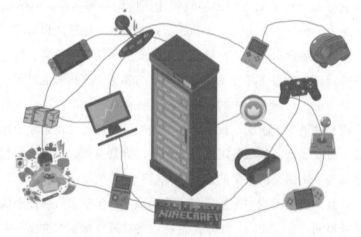

图 5-1   区块链连接产品及客户端口概念图

在游戏元宇宙化的过程中，玩家在游戏中创造的价值将进一步数据化，这些相关数据的开放、共享和流通是保障玩家游戏资产价值的关键。在元宇宙中，可依托区块链技术搭建一个数据库，保存全生命周期的玩家数据。这项技术的普及能够使玩家的数据变得完整、可靠、永久、精确、透明。

在过去的传统游戏中，游戏一旦下线，玩家用户在游戏中付出的经济成本和时间成本以及所获得的头衔和勋章都将不复存在。并且人们常常面临这样一个问题，数据从一个系统中向另一个系统转移时，往往不能同步转移。而区块链游戏很好地解决了这一个问题，随着该技术的发展和成熟，玩家所有的游戏数据都可以保存和同步，不会因为账号迁移，导致用户数据丢失。保障玩家参与游戏的积极性，玩家也会更愿意持续性地投资。

同样的，在传统游戏中，规范和约束玩家的行为也需要花费大量的人力物力。但是随着区块链技术的推广，监管治理游戏空间的难度大幅度下降。因为一切数据都变得更加透明，也更加可追踪了，游戏公司将拥有更多的精力投入到游戏的研发中。所谓游戏监管的两只手，"有形的手"与"无形的手"将不再仅仅是相辅相成，而是逐渐趋同的态势，这将革新原有游戏的治理模式。

凯文·凯利在《失控》中预测，未来世界将逐渐去中心化。他用蜂箱做比喻，蜂箱的发展是一只蜜蜂难以想象的，但当无数的蜜蜂聚集在一起时，产生的能量是巨大的。而区块链的发展也与这一现象相符，元宇宙游戏因为区块链技术的产生，变得更加去中心化。这不仅因为区块链可以解决平台的分散价值传递与合作问题，还因为它可以解决分散平台的垄断问题，更加强调以及实现用户之间的权利平等，逐渐下放平台的权利。

对比传统游戏，元宇宙游戏有一点极富吸引力，那就是前所未有地将"玩"与"生产"连结在一起。在人们固有的印象中，游戏是生活中用于放松和娱乐的消遣工具，但是许多网民却沉溺其中，花费过量的精力和财力。部分网民因为游戏充值欠下巨额债务，沉迷游戏而导致学业荒废的学生也不在少数。不少玩家通过虚拟游戏中的任务达成和荣誉认证获取满足感和成就感，完成个人展示。在这一参与游戏的过程中，玩家表面上是自主选择进入游戏，但实际上玩家的行为处于平台资本周密地计算中，在市场体系下为平台提供无偿的劳动力。大量用户察觉无孔不入的"资本主义"已腐蚀了游戏"乌托邦"的美好蓝图后，将逐渐转向应用区块链技术的元宇宙游戏。元宇宙游戏引入了开放世界与内容共创的理念，用户创作内容也将成为元宇宙游戏运行发展的关键，"玩"与"生产"能够在一定程度上相互转化，在这一机制下，用户的权益能够得到更好的保障，其在游戏参与过程中提供的劳动与输出的内容也将成为有形的资产。

用户对于平等的呼唤从未停止，他们也一直期待自己能够拥有更多的权利参与游戏的收益分配之中。当用户了解到自己也有机会成为既得收益的获益方，有机会进入一个更有希望将"玩即生产"变为现实的世界的时候，用户将对元宇宙游戏迸发难以估量的热情。收益共享将会诱惑源源不断的用户涌入元宇宙，在元宇宙游戏中，他们自发地与他人一起认同价值、创造价值和交换价值。

5.1.2　NFT 为用户适应元宇宙游戏持续助力

数字收藏品是使用区块链技术唯一标识的不可替代代币 NFT（Non-Fungible Token，非同质化代币），它是一种基于区块链技术的数字资产权利凭证。每个数字收藏品都有唯一的链内序列号，并与特定的作品、艺术品和商品形成独特的映射关系，可作为持有资格的唯一证明。在游戏元宇宙中，记录和交易数字资产都是通过 NFT 实现的。NFT 的使用让线上游戏和线下生活的互动变得更加有迹可循。对于传统游戏来说，游戏变现是困难的，在用户和平台之间，变现需要经过繁杂的流程，这为游戏资产自由交易与流通带来阻碍。NFT 作为一种交易的中间物，打通了由游戏所构建的虚拟世界和现实世界间的贸易通道，并完善了互联互通的经济系统。虽然目前很多专家都否认 NFT 的货币属性，但是它确实能够刺激用户群体中虚拟财产与现实财产的兑换交易。NFT 的引入令普通游戏和元宇宙游戏产生了一个本质的区别——游戏资产是否能够进入现实世界的经济系统进行流通。

更重要的是，NFT 还能够有效解决传统游戏中的版权归属问题。因为 NFT 的可溯源性，能够使游戏中的虚拟项目的生产、变更、流通等流转行为被详细记录，且无法篡改。这也使得明确虚拟世界中各种数字项目的价值分配、命名确认和虚拟身份成为可能。大量研究表明，NFT 将不仅是元宇宙未来经济活动的主要枢纽，也是迈入元宇宙世界的"通行证"。

目前已经诞生了大量包含 NFT 的游戏产品，如表 5-1 所示。在传统游戏向元宇宙游戏转型的初期，这些游戏成为了市场开拓的先驱者，布局 NFT 也成为了传统游戏转型的必经之路。游戏已经不再是单纯娱乐和解压的工具，而逐渐拓展演化为一个具有现实经济性的饱满逼真的虚拟世界。NFT 在经济上得天独厚的跨界流通属性，使得众多传统游戏纷纷向元宇宙游戏转型。

表 5-1　基于 NFT 的游戏产品

游戏名称	NFT
Town Star	Zynga 开发的一款竞争性农业游戏，排名靠前的玩家可获得奖励，这些奖励通常是 GALA Token。GALA Token 可进而用于购买 NFT，NFT 建筑可以帮助玩家储存更多资源，或优化生产流程，产生更大利益
Mirandus	一款 RPG 游戏，玩家可以享受扮演各种不同角色的乐趣，例如扮演特定派系的骑士。游戏中的物品和土地被视为 NFT，可以购买或出售
Fortified	一款需要玩家进行对抗的塔防游戏，玩家可以免费参与并获得报酬，游戏中使用 NFT 去管理土地和士兵
Echoes of Empire	一款目前正在开发中的策略游戏，玩家可以在银河系中拥有土地，组建公会，组建太空战舰编队，争夺太空霸权

以《王国联盟》为例，它是世界上第一款 4X MMO 策略游戏，如图 5-2 所示。在玩家完成游戏注册后将拥有土地以及相应的土地规划权和管理权。在这款游戏中，土地开始具有了 NFT 的部分属性，并且玩家能运筹帷幄，谋定外交策略，甚至发动战争。该游戏的玩法丰富多样，虽然总体上仍沿袭了传统策略类游戏的规则与设定，但增添了 NFT 属性。自定义的玩法同样开始体现出用户对游戏规制的支配权，表现出去中心化的趋势。最重要的是游戏的道具，如土地等都以 NFT 的形式储存在区块链上，具有独特性和不可替代性。

图 5-2　《王国联盟》游戏

具体而言,《王国联盟》也尝试构建一个将现实经济与虚拟游戏经济相连通的游戏模型。该游戏中的虚拟资产与现实世界的资产同样具有价值。由于玩家之间具有分工和交换的需要,因而游戏内部也存在着一种一般等价物,那就是金币。《王国联盟》中玩家需要通过劳动去获取粮食、木材、矿石、金币以及领地,而这些资源都是采用区块链技术来记录的。最低 100 万份上述资源可以上链铸造成对应的 NFT,这些 NFT 数字化后可以自由流通。目前可以在以太坊、Polygon 和 Klaytn 这 3 条知名链上铸造上述 NFT,并在全球支持 3 条链的 NFT 交易平台完成交易,这样就实现了游戏资产的数字化和自由流通。

《王国联盟》目前只存在一种数字资产,即游戏内资源的 NFT 资产。而根据该游戏官网介绍,官方应该会发行同质化资产,应用于游戏内的某种功能或者游戏外的治理,从而实现官方愿景,即透明化的投票和民主治理过程将始终保障主体玩家的发声权益。玩家作为创世大陆的公民或所有者,将有权发声并参与有关游戏生态系统未来的重要决策。

5.1.3 虚拟人技术引领玩家进入元宇宙游戏

法国哲学家鲍德里亚曾说:"原始社会有面具,资产阶级社会有镜子,而我们有影像。"社会学家曾经无数次表述,当真实的世界逐渐变成影像,影像和真实存在之间的界限就会变得越来越模糊。斯洛文尼亚学者齐泽克在一次以"虚拟的现实"(The Reality of Virtual)为主题的讲座中也曾提出,人们对于现实的理解和看法,逐渐被虚拟现实所影响。在元宇宙不断发展的过程中,数字要逐渐向元宇宙中孪生,这不仅仅包括游戏中其他元素的孪生,更重要的是自然人在元宇宙中的孪生。虚拟人的发展将使人的真实本体与自身假象之间的界限越来越模糊。虚拟的游戏世界,变成了由一个个符号组成的建筑物。虚拟人将给玩家带来一种全新的游戏体验,在虚拟世界中可以获得真假难辨的沉浸式交互体验。

麻省理工学院文化与技术学者特克(Sherry Turkle)认为:曾经在赛博空间和肉体空间之间有着明确的界限,但是随着虚拟领域和物理领域的交融,两者之间的界限已经消解。界限的消融,已经变革了网络游戏中玩家的思考模式、社交模式甚至是情感生活。这对于传统游戏产业是一种颠覆式的革新，让网络游戏在人类世界中的地位明显上升。随着虚拟人的引入，玩家可以在元宇宙游戏中找到新的社交方式。在这种情况下，游戏中的符号、体验都逐渐与现实逼近。玩家对于现实世界真实的看法，将会越来越多地受到游戏的影响。

在元宇宙游戏中，虚拟人是元宇宙游戏经济的行为主体，多数经济活动都是通过虚拟人在其中创造价值的经济行为完成的，并在过程中实现虚拟原生价值的增值。在元宇宙游戏中，虚拟人将依托 NFT 在虚拟空间中创造价值。随着区块链技术的进步，虚拟人还将不断进行更多的数字价值创造。

同时，虚拟人的存在还拓展了自然人在虚拟空间中的能力。自然人进入虚拟空间中，以虚拟人的形象呈现，即一个自然人拥有进入虚拟空间中的一个实时化身，其由自然人本体操纵，是真身行为的一对一的实时映射。

虚拟人作为多线程分身，具备以下两个优点。

第一，不需实时操控。这一特点将帮助虚拟人更好地赋能元宇宙游戏。在传统游戏中，用户如果希望实现账号在游戏内部的等级提升，一定需要以花费大量时间和精力为代价，而这在一定程度上会影响用户自身的生活节律，分散玩家对自身事业、家庭、学业等方面投注的精力。而虚拟人的介入，让游戏的升级不再单单依靠自然人的努力，游戏等级的进阶不再依托于玩家无意义地堆叠时间，分身替代自然人玩家参与游戏时，玩家同样能够获得游戏经验的收益。

第二，可实现身份代理。可根据真身已有的行为模式和交流方式提前设计虚拟人，并录制预设情境下分身的反馈行为，由此自然人能够将虚拟化身应用于具有固定应答模式的内容沟通场景。虚拟人设计的初衷是更好地服务于自然人，虚拟人是模仿自然人的逻辑思路，依照自然人固有的行为范式来开展行动的，并且虚拟分身的行为数据会定时反馈给自然人本体，以便更加灵活地为自然人开展身份代理活动。具有虚拟身份后，真身能够在一定程度上获得时间解放，但值得关注的是，虚拟分身的非实时操控或将引发一些潜在问题，如虚拟人是否能够在游戏中替代自然人进行决策，虚拟人对于自然人是否存在身份替代的风险以及虚拟人的社交替代是否会造成自然人的恐慌等。这些问题在目前尚未得到较权威的答案。

虚拟人在元宇宙里有一个重要身份——虚拟角色。虚拟角色作为虚拟人在游戏里的重要身份标识，一直拥有着特别重要的地位。在元宇宙的世界里，玩家的自由度得到前所未有的满足，玩家可以作为自己的造物主，能够随心所欲地制作自己的形象，任意购买、更换造型，甚至能够自制不以现实世界中的物理实在为原型，而是诞生于自我幻想中的完全虚构的外形。真正实现外貌形象创制自由，这也是在传统游戏世界里人们无法完全做到的。同时，虚拟人重新定义陪伴者，所有使用者都会拥有一个虚拟人角色以第一或第三视角在 App 场景里生活娱乐，虚拟人将成为自然人在元宇宙生活中至关重要的陪伴角色。

虚拟人对于游戏元宇宙来说也是一种不可或缺的元素，从游戏用户的角度来看，用户可以通过虚拟分身的方式进入游戏，与游戏世界中的虚拟人物进行趣味性的交流互动。但从价值传递的角度而言，元宇宙游戏中孵化的虚拟偶像，不仅一方面吸引游戏用户与之互动交流；另一方面虚拟偶像还能够在与用户交流互动的过程中传递正确的价值观，实现寓教于乐。这种柔性的、潜移默化的价值观传导方式不仅有益于青少年身心健康发展，同时也是科技向善的微观表现。

另外，在元宇宙游戏发展的初期，游戏 NPC 可以越来越多地使用虚拟人技术。在游戏中搭建虚拟偶像，使其成为游戏的代言人。当游戏中拥有众多虚拟偶像时，虚拟偶像得以摆脱统一的人格类型，获得差异化发展路径，衍生为多类独具特色的虚拟偶像。例如，传播知识的虚拟偶像，具有艺术艺能的虚拟偶像，播报新闻的虚拟偶像等。利用虚拟偶像的影响力，游戏运营方能够向游戏玩家源源不断地输送正面的内容，引导游戏玩家在游戏元宇宙中健康积极地参与互动。

虚拟人作为游戏元宇宙中的基本生命形态，其在外观、功能、算力等方面的情况各不相同。在元宇宙游戏的新运行机制中，虚拟人是玩家物理肉身在元宇宙中数字孪生后的"再身体化"，是玩家进入元宇宙游戏的必要化身。而目前，虚拟人的发展技术尚不成熟，由真人真身复刻而出的虚拟人数量较少，由虚构想象创制的虚拟人数量较多。现阶段市面上的虚拟人，典型代表主要有以下几位。

（1）虚拟歌手洛天依，它是一种卡通萌宠形象，但具备多种功能，如语音功能、动作功能、表情功能、文本处理功能等，如图 5-3 所示。

图 5-3　洛天依

（2）清博智能小月，她是现实人物在虚拟世界的真身复刻，是真人在虚拟世界的映射，行动机制的原理是对进行直播表演的真人进行动作捕捉，从而驱动虚拟人整体的表演互动。

（3）浦发银行数字员工小浦，她是写实虚拟人，外观情态基本与人一致，但是细节算力不足。

（4）国内首个超写实虚拟人 AYAYI，她的头发根根清晰可见，皮肤纹路走向与真人一致，微表情智能化匹配情境，同时有拟人化的思维和感知。

算力成本从卡通萌宠、真身复刻、写实、超写实，逐渐递增，虚拟人的感知能力也将扩展到眼、耳、鼻、舌、身、意六识。虚拟人在拟人化学习中，逐渐习得 3 种情感、7 种情绪、22 种情动、数千种微表情，最终能进行脸、唇、音、肢体等身体各部位与情感联结的智能化全维度表达。而这都是人摆脱肉身的限制，获得虚拟人"数字分身"后，需要努力探索达到的理想虚拟人智能存在形态。

回到本章伊始所强调的思考方式：将陌生的事物代入到熟悉的环境中去理解其发展规律，即通过对虚拟人发展历史的回溯，从熟悉的历史中，预测其未来发展路径。虚拟人起源于 20 世纪 80 年代，在 CG（计算机图形技术）、动作捕捉、AI 等技术驱动下，步入了高速成长期。现将虚拟人的成长历程主要分为 4 个阶段：萌芽期、实验期、增长期、成熟期。

（1）萌芽期：这个阶段的虚拟人主要是通过手绘、化妆的方式实现形象的展出，表达出人们对生活的向往以及批判。例如，1982 年，动漫《超时空要塞》

的女主角林明美以其动人的歌声以及优美的身姿而蹿红，制作方顺势将其包装为歌手并发布个人音乐专辑，林明美借此成为风靡全球的虚拟偶像，同时也是第一个虚拟人。而后，虚拟主持人 Max Headroom 诞生于 1985 年，由覆盖厚重妆效的真人扮演，Max Headroom 通过重复、变声等故障行为表达对精致有序的统治阶层的批判。

（2）实验期：这段时期，随着 CG、动作捕捉等技术的出现，虚拟人物在影视娱乐领域越来越流行。20 世纪 80 年代以来，在数字技术的帮助下，好莱坞电影迎来了重大变革，场景电影逐渐取代叙事电影，虚拟人物出现在《指环王》、《金刚》和《阿凡达》等大作中。初音未来诞生于 2007 年，是世界上第一个著名的虚拟偶像，并且热度一直持续到今天。

（3）增长期：这个时期，虚拟人形象开始变得越来越具有真实性，形象也更加逼真。在人工智能技术的推动下，目前虚拟人已经逐步扩展到了智能服务领域。近些年来，自然语言处理、语音识别、计算机视觉等技术在虚拟人中的应用不断深化，使得具有智能交互能力的虚拟人应运而生。例如，2018 年搜狗与新华社联合发布的虚拟主持人凭借高仿真形象出现在大众视野当中，其可对文字内容进行语音播报；2019 年，浦发银行首位虚拟员工"小浦"在服务客户时可感知对方情绪并辅之表情和手势，且具备主动学习、持续提高服务效率的能力。

（4）成熟期：这个时期，通过进一步解放科学技术、突破现实需求，虚拟人成果开始呈现井喷状态。2019 年，视觉特效公司 Digital Domain 的软件研发总监 Doug Roble 在 TED 演讲中全面展示了他的 1∶1 虚拟化身 Digi Doug，并在现场进行了实时动作捕捉，这成为了高保真虚拟人的里程碑事件。2020 年以来，虚拟偶像以其独特的个性迅速吸引了年轻群体。例如，2021 年 10 月 31 日抖音上发布的首个"会捉妖的美妆达人"柳叶熙的短视频，获得了 300 万点赞和超过 100 万的粉丝。

与虚拟人预期成长的 3 个阶段——拟人化、同人化和超人化对比，能够得出进一步结论：当前虚拟人的发展主要是属于拟人化的阶段。技术专家们还在努力让虚拟人更逼真。因此在元宇宙游戏发展的初期，虚拟人仅停留在拟人化阶段，这时虚拟人是自然人在元宇宙中的数字孪生体。这时的虚拟人是使用计算机合成的高度逼真的 3D 动画角色。由 AI 控制的发音、唇形、面部表情等具有鲜明特征，AI 也可以用于虚拟人模拟的早期阶段，可实现信息实时反馈和传递，动作、形状、声音等都能媲美真人。但是此时的虚拟人只是一个"影子"式的存在，它最重要的功能是让玩家适应虚拟人，进而逐步适应元宇宙。至于更深层的需求和应用场景还需要到技术日臻成熟，元宇宙后期阶段才能知晓。

5.2　虚实融合推动玩家在游戏中实现个人价值

5.2.1　同人化虚拟人为元宇宙游戏的数字原生赋能

在虚拟人逐渐发展到外观、情感、交流能力、理解能力等各方面与真人高度相似的同人化阶段时，运用情感算法技术，可以在更好地实现与人类的情感互动。虚拟人从外观的形态功能模拟进阶到情感的可交互，元宇宙游戏也将进入发展的中期，即数字原生化的元宇宙游戏。

随着科技的快速发展，此时的虚拟人将具备与真人相似的行为感知力。通常说，此时的虚拟人具备 8 个层面的特点，集中划分为三大行为感知基本特征和五大运行机制。三大基本特征具体如下。

（1）虚拟人具有逼近现实人的样貌和个性化的性格。

（2）虚拟人可以通过表情、语言、肢体动作等进行观点、情绪、情感等的表达。

（3）虚拟人可以实时扫描分析外部环境，并通过分析与人进行沟通交流。

同时，在游戏元宇宙的世界里，运行着五大新机制（也称游戏元宇宙中所产生的五大作用力），具体如下。

（1）沉浸体验。未来游戏元宇宙的构建将提供高沉浸的游戏体验，画面、数据等各方面实现同步传输分析，游戏用户可以在感觉不到延迟的条件下，在高拟真的环境中进行沉浸式的享受和放松。

（2）虚拟化分身。人们将同时拥有现实世界和虚拟世界两个身份，且在游戏元宇宙中，虚拟身份受到保护和尊重，不得随意被篡改或更换。

（3）开放式创造。实现用户在任何终端登录账号进入游戏元宇宙世界，利用游戏中提供的丰富资源进行内容创作。

（4）强社交属性。由于游戏元宇宙世界的高拟真、高沉浸影响，用户在游戏中的社交关系和用户在现实中的社交关系将逐渐相互靠近、交叉、联系，现实中的社交关系会在虚拟世界中发生转移和重组。

（5）稳定化系统。在经济系统方面，游戏元宇宙中的区块链技术可以助力游戏健康、稳定、安全发展。

以上虚拟人 8 个层面的特点环环相扣，构成了游戏元宇宙数字原生阶段的基础。在数字原生阶段的元宇宙游戏中，用户已经大批量地进入元宇宙了，元宇宙游戏社区初具规模。此时元宇宙游戏的主要使命是留下更多的用户和玩家，继续扩大元宇宙游戏的规模，大量的玩家在元宇宙游戏中实现价值创造和内容创作。因为经过第一个阶段，玩家已经习惯和适应了元宇宙游戏，此时虚和实到了融生的阶段。元宇宙中现实与虚拟空间交替，虚拟人开始更多地模仿自然人，实现元宇宙游戏的内容和价值增值。

同时，在这个阶段，虚拟人的虚实相融，使得游戏玩家在元宇宙里获得的 NFT 奖励与线下的货币进一步相连。那些 NFT 产品不仅可以用来在游戏中购买现实装备，还可以穿越虚拟和现实的边界，在线下送达用户手上。同样的，元宇宙里结识的朋友线下亦可见面，形成超越现实又与现实融合的一种状态。

5.2.2　AR、VR、XR 技术共同搭建游戏新场景

鲍德里亚曾经用"超真实"来描述技术发展下虚拟场景的真实感。在这个阶段，已经无法清晰地区分真实与非真实。这个词的前缀"超"表明它比真实还要真实，是一种按照模型产生出来的真实。此时真实不再单纯是一些自然存在之物（如树木或海洋），而是人为地生产（或再生产）出来的"真实"（如模拟环境）。它不是变得不真实或荒诞了，而是变得比真实更真实了，成了一种在"幻境式的（自我）相似"中被精心雕琢过的真实。

上述场景的到来严重依赖于 AR、VR、XR 3 项技术的发展。过去的传统游

戏是基于手机、计算机等端口，用户的游戏体验主要集中于视听感知。

1. AR 技术推动线下场景线上化

AR 技术可以将计算机生成的虚拟图像与现实世界图像组合生成虚实结合的虚拟空间。AR 是元宇宙感知的关键基础技术，AR 的实现旨在利用计算机技术将虚拟信息显化于现实世界中，通过实时地将真实环境与虚拟物体叠加在同一块屏幕之中，即让二者同时存在于同一空间维度上。AR 是一种与虚拟现实一起运行的虚拟现实界面的解决方案，它使动画、3D 模型、视频等能够在大屏幕上与公众或用户进行交互。

AR 关键技术体系的形成推动产业的成熟，它主要包括 5 方面内容：光学显示、内容制作、网络通信、渲染计算和感知交互。而顺应其自身特点，AR 技术的优点也逐渐浮出水面，主要集中于以下 5 方面。

（1）数字世界和现实世界的无缝接口。

（2）模拟物质，能源归零，构建成本低，进一步解放生产力。

（3）人际交往分辨率增高，同时生成完美滤镜。

（4）立体时空、虚实融生的信息传递方式。

（5）以空间性、具身性、富媒体性、游戏性的方式革新组织管理模式。

对于元宇宙游戏，该项技术是在线上打造了一整个线下世界，让线下世界在线上得到更好的呈现。因为 AR 技术是将线下搬到线上，而线下的空间是具有延伸性的，因此线上也同样具有延伸性的无限空间。换句话说，整个地球对于元宇宙来说都是可复制的场景，因此元宇宙游戏具有"无限大"的显著特点。

同时，元宇宙游戏是源自生活，而又高于生活的，这意味着生活中的元素，都需要经过组合呈现在元宇宙游戏中。也意味着元宇宙游戏的复杂性和符号、编码的困难性，但与此同时，它也会给人们带来自然人与虚拟人之间身份的混乱问题。因为这个时候的元宇宙游戏已经将线上与线下的行为联系了起来。

举个例子，在元宇宙游戏中虚拟人的战斗，可能意味着线下自然人做出了很多战斗的动作。玩家探索元宇宙游戏，实际上也是在探索自我身体的潜能。自然人与虚拟人持续交融，现实与虚拟持续交融，存在个体失去对现实环境的感知力的隐患。自我身份的认定可能会面临极大的困难，关于如何克服自我物理身体的局限性，在本书高仿人机器人的部分会提到。个体与化身在两个世界的交叠下不断融合，并使得个体暂时失去了对环境的认知与自我的意识，两个世界地图的重叠也会带来一定的混淆与冲突。

游戏平台 *Roblox* 以元宇宙为基点实现了上市，一经上市，短时间内市值突破 400 亿美元，整个资本市场震动，许多企业纷纷开始涌入元宇宙世界。随后，英伟达和 Meta 等公司开始加大力度布局元宇宙，国内的字节跳动、腾讯等巨头也疯狂入局元宇宙，各大资本纷纷下场。元宇宙狂热现象的出现，让很多人谈及这个新型事物时带着疑惑："难道万物的尽头皆是元宇宙吗？"

也有很多人认为元宇宙实际上是一个 AR 游戏。这种说法并非全无道理，因为按照 *Roblox* 的定义，元宇宙的世界在任何给定的时间、任何地点，都必须有社交、身份、沉浸感、多样性、随时随地性、低延迟、经济系统、文明这 8 个要素。其中前 6 点在许多元宇宙游戏中已经有所体现，而经济制度和文明正在建设中。在元宇宙游戏的世界里，AR 已经成为最具影响力的游戏形式，也成为了科技的新风口。元宇宙具有游戏引擎的特点，也极容易让玩家混淆"元宇宙游戏"和"元宇宙是个游戏"这两个概念。但这也反映出，或许元宇宙发展的尽头，一切都像是一场游戏，这背后潜存的"自我身份认定""环境判断"等问题，值得人们的深思。

2. VR 技术带动游戏沉浸感

如果说 AR 技术将线下世界线上化，是元宇宙世界的底层逻辑和大门；那么 VR 技术则是通往元宇宙虚拟游戏的桥梁，它是构筑新一代互联网的核心基础和新形态。VR 是一个能够体验虚拟世界的模拟系统，使用计算机创建模拟环境。它用一个交互式动态场景和系统模拟对象的行为，融合了来自多个地方的信息，使用户沉浸在环境中心。

VR 关键技术体系的形成基于 5 方面：光学显示、内容制作、网络通信、渲染计算和感知交互。其中，10GPON、FOV 传输、六自由度视频、多分辨率渲染、异步空间扭曲、MultView、网络分片、Insite-Out、Outside-In、自由曲面、折返式、快速响应液晶、LCOS 等方面已经处于技术生产成熟期，而其余方面正处于期望膨胀期和技术萌芽期。

VR 技术的实际应用也是 B 端、C 端"两开花"。VR 技术的 C 端应用更广泛倾向于娱乐化。例如，VR 会展文博，主要可操作于 VR 文物遗址互动展示、3D

互动油画艺术品鉴、VR 数字化智慧展厅、VR 智慧导览博物馆等会展文博方面的活动。进入二十一世纪第 3 个 10 年，VR 技术开始深耕 B 端市场，主要涉及落地医疗、培训、游戏、娱乐、教育五大热门行业领域。例如，通过"VR+ 医疗"应用落地医院，解决异地专家远程问诊的痛点，丰富虚实结合的临床治疗模拟方案，提高医师的培训效率、治疗水平与临床思维能力。

　　VR 技术自带的娱乐属性，为其更好地参与元宇宙游戏提供了更多的可能性。回顾历史，可以发现，在 VR 平台最受欢迎的游戏中，休闲类、冒险类、射击类、科幻类、社交类均占据榜单前列，这源于 VR 硬件注重具身沉浸和视听享受的内在属性。如果读者无法想象这个场景，可以参照《头号玩家》中的游戏情景，如图 5-4 所示。

图 5-4　电影《头号玩家》

　　VR 是让人们的肉体进入元宇宙的一项技术。在未来，玩家可以通过佩戴 VR 设备，让自己的家变成原始森林，脚下的地板变成泥泞沼泽。人们在家中就可以参与沉浸感十足的冒险游戏，感受名川大山的巍峨雄壮，星辰大海的广阔无垠。人们好像经历了肉体和灵魂的分离，这时难以界定人们获得的感受究竟是真实的还是虚拟的。

　　但是，VR 技术由于市场上的硬件设备价格太高，体验感不佳，缺少高质量的 VR 内容，因此其产业在发展过程中遭遇瓶颈。不过近些年来，随着科技的飞速进步，这些限制 VR 发展的不利因素发生了变化。与 2016 年 VR 头显的峰值价格相比，目前的 VR 头显价格已经大幅下降。现在，Oculus Quest 2 的价格在 2000 元左右；在字节跳动收购 PICO 后，其设备价格也呈现下降趋势。顺应当前的发展态势，VR 头显作为一种室内媒介，其价格并不算高昂，持续获利依靠后续付费游戏等增值内容服务，同时，这也有助于 VR 技术在市场上的普及。

3. XR 技术搭建更加沉浸的场景

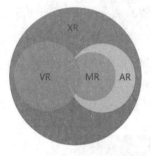

图 5-5　AR、VR、MR、XR 四者关系图

XR（Extended Reality）意为扩展范围，它是一个概括性术语，囊括了 AR、VR、MR（混合现实）技术，它们的关系如图 5-5 所示。

因此，XR 技术可以兼备 VR 和 AR 技术的特点，在游戏应用领域，用户依然可以体验到现实生活与虚拟世界融合交织的景象。

但 XR 技术专业性强，系统数据量大，对终端算力要求高。因此，XR 技术主要是面向国内小众市场开展垂类业务应用。而长此以往，XR 技术发展的 4 条主线，即实时环境建模、动作捕捉、实时渲染和内容生产，也主要是基于技术融合、内容生态、用户体验以及技术提升这 4 方面，其内涵分别如下。

（1）技术融合指的是 XR 技术与 5G、物联网、AR、VR、MR 等多种技术交叉融合。

（2）内容生态涵盖了拓展应用场景、开发者社区、"闭环 + 开放"双层生态 3 个层面。

（3）用户体验需要解决设备的便携性、软硬件适配以及传输速率的频率问题。

（4）技术提升需要解决的是电池延迟、分辨率以及佩戴感受是否真实的问题。

XR 技术得不到更好推广的主要原因在于，在传统互联网时期以及元宇宙发展的初期阶段，算力还达不到要求。但是到了元宇宙发展的中期，将获得前所未有的充沛的算力支持。在这个阶段，技术会成为游戏艺术感的重要支撑。经过元宇宙技术的漫长发展，元宇宙游戏在充沛的算力与先进的 XR 技术加持下，将得到长足的发展和进步。在此基础上，游戏也相应被设计出具备新特点新样态的产品，接着被推向市场。当人们处于游戏世界时，游戏已经可以成为现实非常完美的替代品。

同时，在元宇宙发展中期，大量数据和价值会在元宇宙中原生出来，玩家可以通过这些原生出来的数据获得经济价值。玩家的热情和积极性将得到更加全面的激发，玩家将发挥自己各方面的才智，在游戏元宇宙中发光发热。由此游戏不仅能够帮助人们从现实生活的疲劳中解脱出来，甚至还能超越现实创造新现实。其中 XR 技术发挥着重要作用，而 XR 技术发展的 4 条主线也印证了 XR 技术不断铺陈发展的过程，展现了其从新奇走向实用，从侧重展示走向刚需的过程。

现在，XR 技术则以渐进式节奏进入大众市场，并且扮演着非常重要的角色。目前，市场上各大公司都在加大对 XR 技术的研究强度，并且将它应用于各大领域，使 XR 技术逐渐从分众市场迈向更加广阔的大众市场。最为显著的例子便是世界四大技术巨头公司：Meta、Microsoft、Google 和 Apple 进军 XR 市场。根据四大巨头的发展现况发现，Meta 和 Microsoft 目前在 XR 技术的发展生态中正处于领先的位置。

Meta 于 2022 年推出高端头显设备 Quest Pro，以"全彩透视"为特色功能，带来更具沉浸感的混合现实体验；苹果公司也在 2023 年推出了自己的 XR 头显设备 Vision Pro，此设备同时配备 4K 显示器和运动追踪 3D 传感器，引领行业进入空间计算时代。这些设备与元宇宙游戏联动，将大大提升游戏的品质感。游戏用户不仅能够依靠设备对游戏中的其他人物形象进行追踪，还能清晰观察到其脸部表情的变化，为游戏用户营造更加沉浸真实的心理感受。

其次，国内的企业和一些初创公司对于 XR 研发的实力和势头也不容小觑，新加坡的一家初创公司 Reflect，相当重视 XR 领域的布局。2022 年年初，Reflect 公司宣布将融资而来的 600 万美元用于开发 XR 游戏中的动作捕捉，并表明期待公司能够成为 XR 技术领域的主要参与者。

国内的腾讯公司也不甘示弱，在 2022 年 2 月份正式推出 XR 业务板块，并着手开始招聘，广收 XR 领域相关人才，腾讯 XR 业务板块打出的目标是争取打造一支世界一流的、具备科技硬实力的硬核团队。

因此，毋庸置疑，XR 技术将逐渐为元宇宙游戏赋能，让人们看到未来沉浸感十足的新游戏形态的可能性。当 XR 技术的光芒照射进元宇宙游戏发展领域时，人们正看见，传统游戏沉浸感不足等痛点早已荡然无存，将迎来的是一个游戏新时代。

4. 三项技术融合构建线下游戏新玩法

游戏不仅包含了网络游戏，线下游戏同样是游戏的重要组成部分。不能否认麻将、扑克、剧本杀在社会交往中的重要性，这些游戏要求搭建一个基本的场景，人们在这个场景中完成交互。当前，这些游戏都有一定程度的线上化，但是沉浸感极差，人们只是在按照游戏的规则进行活动，很难满足玩家自身社交的需求。人类对娱乐的需求不仅仅是与屏幕互动，而是更多地参与场景并获得身临其境的感受。从多场景的现实娱乐需求到多场景的沉浸式娱乐需求，元宇宙作为一个新型、独立的娱乐场景，在一定的程度上解决了这一痛点。未来，游戏元宇宙将完成的虚实融生的演进，能够实现以多项虚拟现实技术为基础来创造新型的社交互动空间。在这些空间里，人们可以体验到更加具有沉浸感、更加生动的面对面互动，体验其中最有趣的社交过程。

5.3 自然人增强技术推动虚实共生与虚实联动

荷兰哲学家穆尔通过人类学的分析，强调人类及其科技文化的成果在空间揭示与发现的重要原因。恰如探险者驾驶轮船发现了地理空间，天文学家用太空望远镜发现了宇宙空间，物理学家用电子显微镜发现了（亚）原子空间；而人类凭借着法律、制度、艺术以及文化等，创造了社会空间。空间一旦被发现，它们会对人类的行为和习惯产生反作用。因此技术帮助人们建构了新的游戏元宇宙空间，线上线下联动对玩家物理身体的素质提出了更高的要求。在此基础上，提升物理身体素质的技术被逐渐引入游戏中。

5.3.1 高仿人机器人建构完美物理肉体

虚实的融合需要线上游戏的玩家在线下做出相应的反应。人们很难想象未来竞技类、冒险类游戏将会对自己的身体素质提出多高的要求，为了满足玩家快速增强身体素质的需求，高仿人机器人不断进化和发展。

高仿人机器人体现了人与机器的融合。通过模拟人的形态和行为设计制造，它们具有了人的外观特征，例如头、手臂、双足等。完全自主开发的机器人控制系统可实现更集中、更精确地控制面部肌肉群的运动和组合。而特有的线性组合，使机器人的面部运动、肢体运动、微反应达到前所未有的精确程度。其中，机器人外观是与人类皮肤触感相同的"电子皮肤"。通过开发模仿人脑中信息处理方式的半导体，研究人员克服了机器人无法基于较低能量效率完成复杂认知任务的局限，使人工智能系统成为高仿人机器人的"大脑"。它们既有可控制运动的身体，又具有学习、判断、处理的"思维"能力，但同时也面临着行为和运动能力的高度拟人化的挑战。

现在，高仿人机器人逐渐应用到了游戏领域，并且成为游戏领域最重要的元素之一。它的出现为游戏带来了更为直观和有趣的"灵魂"，在这些游戏中，玩家可以操纵各种各样不同的机器人进行冒险和做任务，而这里的机器人也具备各种不同的形态，玩家通过切换这些形态，使得游戏过程更加有趣。

高仿人机器人与游戏领域的结合，不仅是机器人领域的新应用，更是拓展了游戏产品应用的新市场，将机器人虚拟化并且搬上网络空间，丰富了产品内容的可视化。同时，也提高了产品自身属性的经济附加值，最大程度地多元化高仿人机器人的应用领域。

5.3.2　脑机接口迅速提升玩家智能

脑机接口是人脑与计算机或其他电子设备之间创建的直接通信通道和控制通道，利用脑机接口，人们可以直接通过大脑表达想法或操纵设备，而无须说话或行动。例如，借助脑机接口可以为重度残疾患者赋能，帮助他们与外界进行沟通进而提高患者的生活质量。在游戏元宇宙中，玩家不仅需要体能上的提升，更重要的是需要提升自身对于游戏的控制力。

游戏中的玩家，具有高度发达的控制能力。游戏世界中，玩家的能力远远超越了现实生活中的真实人类，致使玩家将游戏世界中的角色成长历程视为自己的第二人生。而这种控制力并不单纯依赖于玩家的体能，更依赖的是玩家的智能。

脑机接口技术是一门交叉学科，包括信号处理、模式识别等多方面，能够在短时间内实现用户智能的快速提升，帮助玩家迅速提升控制力。

尽管目前对脑机接口的研究已经取得了一些重大进展，但它仍然面临着许多技术、安全和伦理方面的挑战，这些挑战限制了这种设备技术的巨大进步和未来的应用。

首先是技术难题。如今的脑机接口技术只适用于一些简单的应用场景，例如，了解被摄对象的情绪变化、控制外部设备等，还无法实现记忆和回忆等大脑精确信息的识别分析。同时，目前通过该技术，目前的计算机并不能准确地完成对信息进行感知和接收的行为。此外，脑机接口技术的发展还面临着许多技术方面的挑战，例如，如何从复杂的生物脑信号中准确提取有用信息，如何在脑信号与现实世界行为之间建立适当的关系，如何改进检测疾病种类的方法等。特别是对于大脑的核心工作机制的研究，目前的神经科学还没有明确的成果，这将限制脑机接口技术的发展和使用。

其次是安全风险。侵入式脑机接口需要在大脑皮层植入电极或芯片，容易造成颅内出血和感染，手术后也可能发生排异反应。植入物中的电极或芯片会随着时间的推移而发生变化，容易出现老化、腐蚀和位移，从而对使用脑机接口的用户造成负面健康影响。而且，在人脑中植入物理设备，必然会导致大脑原有状态发生某种变化，很容易给用户带来精神压力。当脑机接口创造的"延伸能力"丧失时，就会导致认知障碍、精神焦虑等问题。

最后，伦理问题也是阻碍脑机接口发展的重要因素。脑机接口是机器与人脑之间的直接连接，最终导致人与机器的融合共生。机器不再是人工工具，人类也不再是完全意义上的自然生物，最终会导致人机关系的模糊。现有人机关系概念体系可能会走向崩塌，从而诱发深刻的伦理危机。

另外，脑机接口必然会对人类大脑信息进行读取，这将牵扯个人隐私问题。在脑机接口支持的"读脑术"盛行的时代，这一技术将冲破人类隐私的最后一道防线，将大脑里的所思所想都直白地显露出来。本来人们自身应有的隐私也将被任意展现在光天化日之下，处于被围观和窥探的窘境之中。而脑机接口的"潘多拉魔盒"一旦打开，还可能带来现有贫富差距下的生理能力分化、加剧社会不公等问题。

脑机接口技术为人类能力的提高打开了一扇新世界的大门。然而，作为一个高度交叉的学科，脑机接口技术涉及许多领域的重要问题，并受制于技术、伦理、政策等方面因素影响，商业化场景还很小。但是，该技术在医学、军事、娱乐、教育等领域有着重要的应用前景。作为实现真实元宇宙的关键技术，未来将出现更多脑机接口技术的应用，其对人类社会的影响也将越来越大。人们需要做的不是因为对技术方面问题的无知或畏惧而完全拒绝它，而是应该接受和引导它的进步，以解决目前社会所面临的相关问题。

5.3.3　裸眼 3D 技术缩短物理身体接近虚拟空间的路径

在元宇宙游戏发展的前期，虚拟和现实之间虽然能够实现融生，但是彼此之间的路径还是较长的。玩家必须借助相关的仪器才能接近虚拟空间，而裸眼式3D 技术利用人眼视觉差异，能为元宇宙提供逼真的立体视觉效果。

目前，人们用肉眼看到的 3D 技术大多处于研发阶段，主要分为两方面：一是硬件设备；二是显示内容的处理。后者已经在小型商业应用中使用，但在大众消费者的生活中，接触的人并不多。

从技术上看，裸眼 3D 可以分为 4 种技术类型：光屏障式、柱状透镜、指向光源和直接成像。多类型的技术生产方式也成为裸眼式 3D 技术最独特的特征。裸眼 3D 技术最大的优势就是摆脱了眼镜的束缚，并且目前已经形成了一定规模的产业链。然而，该技术仍需解决视角、锐度、分辨率、亮度以及功耗等问题。

目前，裸眼 3D 技术在影像捕捉与影像显示方面，有较为丰富的应用场景，例如，双目 3D 摄像机系统、单镜头 3D 摄影系统、多视摄像机系统、LCD 裸眼3D 显示屏、LED 巨幕曲面屏、OLED 裸眼 3D 显示屏等。

在现实游戏的应用场景中，3DS 游戏机知名度非常高，它装配有全球首款高品质裸眼 3D 触摸显示屏（支持 2D/3D 转换）。这种新型裸眼 3D 液晶屏主要由视差屏障系统组成，凭借 CG 硅液晶处理技术的优势，LCD 在亮度和色彩饱和度的表现都非常出色。CG 硅液晶处理技术减小了内部排线的宽度，大大提高了光的传输速度。与之前的液晶面板相比，新液晶面板的亮度翻了一番，达到500 流明。优化视差屏障技术提高了光利用率，减少了色彩串扰的发生，从而提高了色彩饱和度。

3D 屏幕虽然支持裸眼触控功能，但液晶模组的厚度与传统 2D 模组相同。这种新屏幕支持以横向和纵向模式查看 3D 图像，被认为是智能手机等设备的理想选择。这块屏幕由夏普公司设计，尺寸为 3.4 英寸，支持 480×854 像素的分辨率，在 2D 模式下显示亮度为 500 流明，1000∶1 的对比度几乎是同类型传统 3D 液晶屏的 10 倍。此外，夏普公司还开发了非接触式 3D LCD 显示器。

而在业内极负盛名的新公司康得相继推出了 60 余款裸眼 3D 游戏，其中，有 5 款极具代表性。

（1）《超神争霸》是一款 MOBA 类手机游戏，以 3D 视觉效果呈现。该游戏使用模拟摇杆和技能重置按钮，玩家可以从东西方历史以及神话英雄中选择自己喜欢的角色进行扮演，并决定如何战斗。例如，孙悟空 PK 赵云、蚩尤 PK 黄飞鸿。除了震撼的画面，该款游戏还采用实时在线的对战方式，让玩家双方得以享受对战的快感。

（2）《狙击动作 3D：代号猎鹰》为 FPS 类手机游戏。在游戏中，所有玩家都是令人闻风丧胆的城市杀手"猎鹰"，他们接受各种令人兴奋的暗杀任务，并为完成任务制定天衣无缝的复仇计划。该高品质游戏不仅能还原 3D 城市景观，还拥有数十种高端真实武器模型，使得玩家能够在第一视角感受作为狙击手的快感。游戏中重力感应和手部触控的真实操作，以及 3D 慢动作回放，让众多玩家在兴奋中体验真实交火的惊险场景。

（3）《天天飞车》是一款充满速度与激情的手机赛车游戏。游戏加入了裸眼 3D 效果，增加了不同方面的刺激感。引擎轰鸣的声音、超高的速度、灵活的弯道超车技巧等，这些惊险又刺激的感觉，除了能吸引很多粉丝玩家外，还赋予了这款游戏特别的魅力。

（4）《黎明之光》（裸眼 3D 版）是一款冒险手游。在飞行模式下，玩家游戏可以邀请好友在天空中飞行。在裸眼 3D 效果的加持下，天空中的云朵近在咫尺，触手可及，让玩家有一种在天空中自由翱翔的逼真体验。不可思议的世界景观、清新唯美的日韩画风、交织的故事人物、极其自由的战斗技巧和多样的玩法，让该游戏为玩家呈现出一场神奇的冒险。

（5）《3D 黄金渔场》是一款将裸眼 3D 技术与海底捕鱼游戏场景结合起来的休闲类游戏。游戏过程中会有各种类型的 3D 萌鱼在玩家身边环绕，玩家如同真正置身于海底世界。裸眼 3D 技术为这款游戏带来了许多新体验,包括炫酷的捕鱼武器、丰富的特效绝技等。

裸眼 3D 与 VR 技术都是随科技发展而产生的,那么二者的不同之处在哪里?在游戏与展示方面,二者的作用不尽相同,而裸眼 3D 与 VR 相比,更具备社交优势。尽管在内容上两者是共通的,但裸眼 3D 能够提供给用户更逼真的 3D 体验,无论其视觉内容是以 3D 捕获还是以 3D 建模生成,都可以让使用者更加真实地感知 3D 环境画面与角色的 3D 特性。而 VR 则需要通过头戴式的头盔或眼镜,将现实世界隔绝,让用户的感观停留在一个封闭的环境中,从而产生一种沉浸感。

总的来说,这两项技术的研究仍处于探索阶段,对于用户来说有些时候佩戴头盔或者眼镜并不一定能够为体验带来加分。另外,在核心技术方面,二者都是以影像的形式呈现,相对来说都会更多地占用系统资源,对于显卡、CPU 的要求都比较高。在交互方面,裸眼 3D 更胜一筹,这种交互既直观,也简单,不管是用键盘还是用手柄进行交互,它始终没有脱离真实世界,玩家很容易上手;而相对来说,VR 技术目前还没有办法实现较为方便快捷的交互模式,对于用户来说门槛比较高。

目前,裸眼 3D 技术的进步将在以下 3 种游戏类型中取得突破。

(1)3D 建模游戏。这个类型的游戏本身在技术上就与裸眼 3D 技术相贴合。而如今,大部分游戏都是由 3D 技术打造的,普通手机也可以支持很多大型的 3D 游戏,硬件条件已经能够得到初步保证。在显示器方面,上升的空间不大,3D 建模游戏或许能够推动游戏产业更进一步发展。

(2)解谜 / 剧情类游戏。这类游戏的玩法和剧情颇具探索性,人物和场景也具有独特魅力,如何匹配这些特点一直是裸眼 3D 技术发展的关键。

(3)垂直品类。裸眼 3D 在展现动感的舞蹈类题材时,更加能激发舞蹈类游戏的内在属性,让其充满无限发挥空间。

而对于 PC 端游戏来说,裸眼 3D 技术不仅在未来无感式交互的游戏领域扮演着举足轻重的角色,同时还提供四大积极影响:更好地展现游戏品质;更好地呈现角色形象;更好地促进游戏内交易;更好地匹配特定游戏特效。

第6章 游戏元宇宙产业链

游戏是人类文明不可分割的一部分，游戏可以融合文化、艺术、科技等多个领域的内容，与元宇宙文明探索中的多元化融生浪潮相得益彰。作为先行者，游戏会带动上下游相关企业逐渐进入元宇宙时代。你能想象到平常自己喜好的游戏背后拥有着怎样庞大的游戏产业版图吗？通过本章的介绍，你会了解当下元宇宙如何催生产业变革，以及当下国内外各大公司如何对游戏元宇宙进行产业布局，最终形成对游戏产业链的整体认知。同时，你也会了解游戏元宇宙产业在演进过程中，以区位差异化优势为着力点，通过协调区域间的专业分工和多方面需求，以产业合作的形式呈现区域合作事业，最终形成完整的产业链条。

6.1 元宇宙引领互联网时代的产业浪潮

不同的时代有不同的主旋律，元宇宙恰好是互联网时代的下一个浪潮。游戏作为元宇宙产业中的先导行业，具有爆发性、连锁性以及促进其他要素协同发展的特征，可以带动相关产业革新。如今，市场上已经出现许多以"元宇宙"为卖点的虚拟现实游戏。各大游戏平台也推出了各具代表性的元宇宙游戏，其中不乏一些优秀游戏作品。早在 2003 年发布的第一个现象级的虚拟世界游戏——*Second Life*，用户可以在游戏中进行社交、购物、经商甚至是跳舞等社会化活动，它实现了网络游戏、社会化互联网和 Web 2.0 的结合。

在国内，*HiPiHi*、*UWorld* 和 *Novoking* 等都是与 *Second Life* 类似的手机游戏。其中第三人称射击类手机游戏——《堡垒之夜》，已在 PlayStation 4、Xbox One、Nintendo Switch、Windows PC、iOS、Android 等平台上架。尽管《堡垒之夜》参考了传统的游戏设计模型，但它在此基础上加入了开放社会、经济等元宇宙要素。

与前面两款游戏不同，*Roblox* 从一开始就不是单纯的网络游戏，它提供了开发者平台和社区服务，并设计创作激励机制刺激用户参与建设支持体系，实现完全由用户创造的去中心化的真实世界。随着建设的不断发展，*Roblox* 现已成为了世界上备受瞩目的沙盒游戏，该游戏中的大部分作品都是由用户自己创建的信息内容。因此，*Roblox* 也吸引了虚拟世界、休闲游戏以及自创信息内容的网络游戏玩家参与其中，形成了游戏建设的良性循环。从 FPS 类、RPG 类游戏到竞速类、解谜类游戏，都是由网络游戏玩家操控着虚拟世界中的"数字人"来完成的。此外，在虚拟世界中游戏玩家不仅可以进行简单建造，如盖房；还可进行经济活动，如"炒房"，*Decentraland* 就是一款可以支持玩家"炒房"的游戏。

古语有云："前车之鉴，后事之师"，工业时代的变迁可以带来关于元宇宙发展的思路。近代，纺织业是英国工业革命的重要先驱，从某种意义上来说，正是棉花产业的大发展促成了工业革命的爆发。以纺织业为例，在产业链不断创新优化的过程中，其分工逐步形成，实现供需分离。随着机械化的发展，纺织业的生产规模不断增加，需要更大的市场来维持。这说明扩大生产规模的同时市场也相应扩大，也促使资本家不断开拓新领域，创造新市场。随着市场的扩大，对于机械化又提出了更高要求。一个领域的机械化革新对相关行业产生了相似的需求和激励效应，并不断突破上限。随着时代的一次次重大变革，现象级的产业不断涌现，而现代游戏产业的特点与数百年前的棉布产业相似。因此，不妨从以下方面对游戏产业进行分析。

1. 产业空间较大

游戏产业销售额常年持续平稳增长，据《2021 中国游戏产业报告》显示，2021 年中国游戏产业实际销售收入已达 2965.13 亿元，比 2020 年增加了 178.26

亿元，同比增加了 6.4%，如图 6-1 所示。增幅比例的减少可能是由于用于游戏研发以及运维的费用不断提高所致。

图 6-1 中国游戏市场实际销售收入

（数据来源：《2021 中国游戏产业报告》）

2021 年中国游戏用户达到了 6.66 亿人，同比增长 0.22%，用户规模不断增大，如图 6-2 所示。用户数量不断增加，但相较于 2020 年有所放缓，其原因可能是由于相关防止青少年沉溺游戏的政策逐渐推出及实施，限制了数量的野蛮增长，使整体游戏用户结构更加健康合理。但也在一定程度上说明游戏越来越成为人们生活中不可或缺的一部分。

图 6-2 中国游戏用户规模

（数据来源：《2021 中国游戏产业报告》）

随着游戏产业规模与参与人数的不断增长，中国自主研发游戏在国内市场营收也不断增加。2021 年国内自主研发相关游戏销售额为 2558.19 亿元，相较于 2020 年增加 156.27 亿元，同比增长 6.51%，如图 6-3 所示。

图 6-3　中国自主研发游戏国内市场实际销售收入

（数据来源：《2021 中国游戏产业报告》）

中国自主研发游戏在海外市场也有着亮眼的表现。2021 年，海外市场实际销售收入达 180.13 亿美元，比 2020 年增加了 25.63 亿美元，同比增长 16.59%，如图 6-4 所示。增长同比放缓的主要原因是市场新品上线较少和原有用户带动消费的能力不强。

图 6-4　中国自主研发游戏海外市场实际销售收入

（数据来源：《2021 中国游戏产业报告》）

随着游戏产业的不断发展，其相关产业空间也会不断增大，同时随着人们精神文化需求的不断提升，人们对娱乐消遣的精神需求也是不断提高的。

2. 产业链长

纵观整个游戏产业，所涉及的环节众多，各个环节上涉及的相关企业同样很多。从产业发展的角度来看，其产业链主要分为开发、发行、分发以及相关辅助业务。

上游游戏开发业务，主要从事游戏的创作开发，该环节主要涉及相关公司与游戏工作室，较为著名的游戏开发公司有美国的艺电（EA）、微软，法国的育碧以及日本的任天堂、世嘉等。

游戏发行业务，主要进行游戏的宣传、市场推广、渠道对接、游戏运营、客服等活动。该环节涉及的企业基本上都是业界顶尖公司，如 EA、动视暴雪、卡普空、科乐美、腾讯、网易、完美等。当然也有一些独立发行商，如 Devolver Digital。

游戏分发业务，主要提供游戏下载服务，下载平台有 PC 端的 Steam、Wegame，三大主机平台（索尼、任天堂、微软），苹果商店以及各种安卓应用商店。

辅助业务，一般包括广告商，如谷歌、脸书、百度、字节等；游戏赛事，如 WCG、CPL 等；游戏直播平台，如斗鱼、虎牙等。此外，游戏陪玩、资讯公司、游戏社区、游戏周边等也属于辅助业务。

以谷歌、腾讯为首的大型游戏公司，基本会涉足以上所有环节的业务，这些公司的强势入局让各个环节不再那么泾渭分明。除此之外，游戏产业涵盖了许多先进技术，如游戏软件，主机芯片和支持它们的操作系统，通信以及线下周边的设计、开发和操作等。游戏产业具有很长的产业链条。

3. 消费弹性空间较大

人们总是趋向于接触新鲜事物，感受全新的体验，游戏产业可以极大地满足这一需求。玩家会通过购买游戏体验不同的角色，并针对游戏中的人物角色购买喜欢的皮肤道具，如图 6-5 所示。同时，玩家在游戏中可以以虚拟身份进行虚拟活动，虚拟人即为真实世界个体的化身，用户可以通过对虚拟化身进行装扮来满足自身的精神需求。

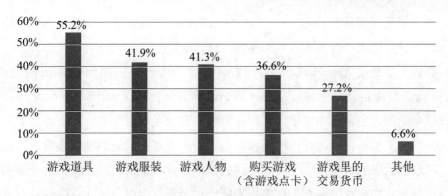

图 6-5 2021 年中国网民游戏消费维度

（数据来源：《2021 中国游戏产业报告》）

6.2.1 国外企业的游戏元宇宙布局

1. 微软：探索元宇宙前沿

微软公司既是目前世界上三大电子游戏厂商之一，也是个人计算机网络游戏市场发展的主要参与者。微软旗下的多款游戏都走在探索元宇宙的前沿。

微软对待元宇宙的态度十分积极。2021 年年底，微软在 Ignite 全球大会上高调宣布元宇宙战略，此举进一步加强了业界对元宇宙的关注。微软大中华区副总裁康容则认为：“元宇宙向哪个方向走仍是未知数。”

当然，微软对待元宇宙的态度也兼具理性观点，其发展元宇宙的路径可行性十足且布局极其缜密。其硬件端的 Xbox、Surface、HoloLens 等产品，软件端的 Windows、MS Office，内容端的《光晕》《我的世界》《模拟飞行》以及元宇宙办公软件等产品为微软元宇宙搭建注入多种活力。同时，微软收购了动视暴雪，此举将使微软成为仅次于腾讯和索尼的全球第三大游戏公司，赋能微软游戏库 XGP，极有希望成为游戏界的 Netflix。而微软在官方公告中表示：“本次收购将促进微软网络游戏服务在移动端、个人计算机、游戏机以及云应用领域上的成长，并为搭建元宇宙奠定基石。"此外，微软也与高通达成合作研发 AR 眼镜芯片，这也使其在底层技术实力方面得到了进一步提升。

微软主要通过 Azure IoT、Azure 数字孪生、Azure 地图、Azure Synapse 分析、Azure 人工智能自动化系统、Microsoft Power 平台、Microsoft Mesh 的全息镜头等发展企业的元宇宙技术堆栈。此外，微软的企业元宇宙技术堆栈还增加了数字孪生、混合现实等内容，并在应用程序上加强了数字技术基础设施建设，真正实现了物理和数字的真实融合。同时，这些技术工具将协助公司的客户进一步实现数字虚拟与真实产业的融合。这类技术能够在游戏元宇宙中建立物理世界与虚拟世界之间的实时、动态、全面联系，实现对真实环境的智慧感知与动态拟真，为游戏元宇宙中虚实相融的创新玩法提供技术支撑。

此外，微软还不断完善元宇宙闭环。微软左手紧握 220 亿美元的军事元宇宙大单，右手豪掷 687 亿美元打造游戏元宇宙，积极开拓面向企业与个人的业务场景，堪称双剑齐出。微软从硬件、软件、内容等多个维度层层布局，是目前大厂中最有可能拿下游戏元宇宙第一张船票的有力竞争者。

2. Meta：基于 VR 游戏全面布局

Facebook 于 2021 年 10 月更名为 Meta，由其发布的元宇宙视频全面诠释了未来元宇宙对人们工作、学习、生活等方面的影响。这一举动不仅直接提高了全球元宇宙产业的热度，更对元宇宙产业产生了巨大的正向影响。区别于针对 B 端的微软，Meta 主要在 C 端持续发力。Meta 旗下的 Oculus 是全球最大的 AR 眼镜供应商，其销量在 2021 年更是突破了 1000 万台。

Meta 在内容基础上的建设主要通过 VR 游戏本身的社交优势开展。在 VR 游戏领域，Meta 投资收购 7 家知名 VR 游戏开发商、影视内容制作方等公司，如 VR 内容制作平台 Blend Media、云游戏公司 Play Giga 等，进一步丰富了自身的内容板块。Meta 主要发展的通过头戴 VR 装置 Oculus Rift 展示的 3D 全景视频技术在社交方面的优势进一步突出。使用者不但可以在 Meta 新闻中查看 3D 全景视频，还可以在视频中移动鼠标，并不断变换角度，进一步满足了当下用户对视频交互更丰富更现实的要求。

在全球新冠疫情的背景下，Meta 推出的 Workplace 具有允许用户直播、实现多人聊天的功能。此软件也为企业和员工的视频互动和居家办公需求提供了更多的解决方案。2021 年 8 月，Meta 发布了远程办公应用程序 Horizon，使用该程序的用户可以通过 VR 设备在虚拟现实环境中进行会议。前 Meta 副总裁曾表示 Meta 内部已率先采用了该程序，并相信推出的 Horizon 将会是 Meta 向元宇宙迈向的关键一步。

此外，Meta 在经济体系上也进行了布局。由 Meta 公司开发的 Diem（原名 Libra）是一款以美元为支持的稳定数字货币币种。Libra 计划建设由一百个合作加盟结点所组成的数字经济体，目前已与 Visa、MasterCard、Uber、PayPal 等组织及企业达成合作。基于此计划，Libra 希望形成一套全新的去中心化区块链，低波动性的加密金融货币和一套智慧合约平台，创建一套简化的、无国界的货币市场和为几十亿人提供服务的金融基础设施。

同时，在体感设备方面 Meta 也有一定建树。由 Meta 和雷朋公司联合发布的 Ray-Ban Stories 智能眼镜功能十分强大。Ray-Ban Stories 智能眼镜主要通过触摸实现操控，其搭载了双 500 万像素镜头并内设音箱和麦克风等硬件设备，具备摄影、看视频、听歌曲、语言通信等功能。

在构建底层技术方面，Meta 主要通过自研和收购实现。自研方面主要体现在，Facebook 的元宇宙研发部门——Reality Labs（前身 Oculus Research）在公司的战略地位不断提高。2020 年第三季度，Meta 宣布了全新的报表机制：今后将财报拆分为 Family of Apps 以及 Facebook Reality Labs 两项业务的形式呈现。Family of Apps 主要包含 Facebook、Instagram、Messenger、WhatsApp 的内容和一些服务内容，而 Reality Labs 则包含所有的 AR/VR 硬件系统、软件和相关内容。这也进一步体现出元宇宙在整个公司中的战略地位极高。并购方面，自 2014 年起，Meta 陆续并购了包括 Xbox 360 手柄设计团队 Carbon Design、VR 3D 建模公司 13th Lab、游戏引擎开发商 RakNet 等共计 19 家企业。这一举措进一步加强了 Meta 在眼动追踪、人工智能等方面的硬实力。Meta 的投资策略充分体现了其进军元宇宙的决心，试图以 XR 建立其新的软硬件生态。

Meta 团队进军元宇宙时，积极扩张队伍。100 多名从事 AR 技术工作的前微软员工中有超过 40 人最终留在了 Meta 公司。对于元宇宙，Facebook 公司的创办人扎克伯格的诠释是"元宇宙就是更具象的互联网"。在这一理念的指导下，

Meta 凭借自身强大的软硬件设备与完善的底层技术、丰富的内容以及独到的人工智能技术，进一步提升了 Meta 公司的全球影响力。

3. 索尼：把握原创优质内容

索尼在影视、动漫、游戏以及音乐等众多领域都有着非常优质的 IP 资源。索尼旗下的子公司索尼影视具有《蜘蛛侠》《黑衣人》《生化危机》等热门影视 IP。索尼集团深耕动漫领域的主要阵地则是 Aniplex 株式会社，该公司手握多款热门 IP，可谓是星光熠熠，如《鬼灭之刃》、《偶像大师》、《刀剑神域》以及《Fate》系列等。

此外，索尼在游戏内容生产方面，也表现出了极强的创造性。依托于优质的游戏内容，索尼的游戏生态建设良好，拥有适合索尼游戏的完整生态体系。索尼的游戏生态建设主要包括用户的账号体系、应用商店、会员体系、云游戏服务等。此外，索尼通过与第三方游戏公司进行合作，实现了自身游戏内容的不断迭代。但部分游戏受平台限制，如《战神》《神奇海域》《最后的生还者》《漫威蜘蛛侠》等 3A 大作以及《宇宙机器人：搜救行动》《遥远星际》等 VR 网络游戏都只在 PS 系列主机、PSVR 上上线，使用者只有购入实体产品后才能体验游戏内容。

在音乐娱乐产业，索尼也有着巨大的影响力。索尼是全球最大的唱片公司，旗下有迈克尔·杰克逊、Westlife 乐队、麦莉·赛勒斯、艾薇儿等全球顶尖的艺术家与音乐人以及乐团。2021 年 1 月，索尼音乐艺人 Madison Beer（麦迪逊·比尔）的虚拟音乐会在 TikTok Live 上进行了首演，该沉浸式虚拟实境音乐会由索尼和 Epic Games 合作完成，在内容生产方面实现了虚实融合。

6.2.2　国内企业的游戏元宇宙布局

1. 腾讯：完善基建，补齐短板

腾讯是一家能够与国际企业直接竞争的中国互联网企业，但在元宇宙综合实力方面，特别是真实软硬件的技术储备方面仍与这些企业有较大差距。腾讯公司主要通过收购和投资以及社交平台 3 种方式布局元宇宙，并通过这些方式不断深化和发展元宇宙。

　　XR 是元宇宙世界的第一个入口。腾讯通过投资 Epic Games、Snap、Roblox 等国外企业，在 VR、AR 生态建设上取得了良好的战略成效，在一定程度上实现了 XR 即元宇宙入口的建设。目前在硬件方面，腾讯布局暂时缺失较多。

　　腾讯在云计算上的布局起步较晚，但增速极快。2018 年 9 月 30 日，腾讯完成了重要组织结构调整，并启动了推进产业互联战略。腾讯在战略方面的重大调整主要是期望腾讯云发挥枢纽作用，将 C 端消费互联网资源与 B 端工业互联相联系，从消费互联实现产业互联。目前，腾讯云已经是国内外 IaaS 市场成长最快的云计算供应商，腾讯全网服务器设备数量已突破一百一十万部，是国内第一家服务器设备数量破百万的企业，也是全球五家服务器设备总数过百万的企业之一。依托于腾讯云，腾讯公司建立了全生命周期的云游戏服务解决方案，为用户创造了全链路的云游戏平台和生态。

　　腾讯在互联网内容建设以及算力和云计算方面都处于世界级高水平企业行列，但在元宇宙领域中的软件、硬件、平台等方面的开发仍需要加强。腾讯对元宇宙的认识十分具有前瞻性，马化腾率先明确提出"全真互联网"这一观念，他认为，在 VR 等新兴科技、最新的软硬件技术共同推动下，又一场大洗牌即将开始。同时，腾讯掌控着大量流量资源，在社区、网络游戏、文娱内容等领域的优势地位逐渐巩固，在腾讯智慧零售和企业金融服务等 B 端场景的布局上也将进一步深入。

　　在社交领域，腾讯旗下的微信和 QQ 是国内的主要社交应用。在社区社交、直播社交、短视频社交等新兴社交方式上，腾讯也进行了积极探索，将进一步细化社交领域。

　　在游戏领域，腾讯在本土游戏团队的建设上持续发力，并通过全球化的投资与收购将自己的企业规模扩大，从而实现国际化转型，成为具有世界影响力的游戏内容生产公司之一。

　　在文娱领域，腾讯的布局更为深入。旗下的阅文集团是最大的中文网络正版数字平台，并且提供文学 IP 孵化。腾讯视频和腾讯影业也深耕影视内容和流媒体领域，在观看、制作、发行等方面全面发展。腾讯通过电子支付与其他新购物科技融合的形式发展智慧零售业，进一步加强了数字消费与实体零售业融合发展。腾讯还以"云服务"作为自己的重点发展方向，打造腾讯视频会议、腾讯文档管理小程序等沟通和高效办公的 SaaS 工具，紧跟业务的数字化浪潮，实现企业内部与外界用户的有效协同。

腾讯对发展元宇宙持有积极态度。基于元宇宙内容多元的特性，腾讯作为全球最具影响力的科技公司之一，对于元宇宙的发展极具优势，腾讯也将元宇宙作为自己的下一条"护城河"。

2. 网易：技术＋硬件＋内容

1997 年网易计算机公司在广州成立，随着网易公司实力的不断增强，如今已成为中国第二大网络游戏公司，是国内主要的科技型企业之一，2021 年前三季度网易的营业收入已达 632 亿元。网易认为元宇宙的发展前景极具潜力，并着力布局元宇宙相关产业建设。在 VR、AR、人工智能、虚拟引擎、云游戏、区块链等领域，网易已经拥有了国内领先的技术储备，并具备发现和研究元宇宙的核心技术的能力与实力。

网易伏羲人工智能实验室主要进行网络游戏和泛娱乐 AI 的研发与应用。在云计算平台、自然语言处理、虚拟人、强化学习、视觉智能、用户画像、大数据这 7 个研究方向的加持下，网易伏羲为网易公司旗下多款商品赋予先进 AI 科技的技术支持。同时，伏羲人工智能实验室也开始逐渐将 AI 科技与产品开放给更多的伙伴，让更多领域进一步实现与人工智能技术的融合。

网易洞见是为 AR 内容创意提供服务的平台，主要功能有全栈技术开发、可视化技术编写开发、高效管理 AR 内容创意创作等。AR 内容创作者可以在该平台上一站式完成激光视觉融合建图、空间定位与语义化、统一描述语言等工作，具有极大的便利性。

同时，网易也在不断扩展 AR、VR 领域的内容。早在 2016 年 5 月，网易游戏就推出了首款 VR-ARPG——《破晓唤龙者》。2017 年 1 月，手游《阴阳师》增加了 AR 扫卡功能。同年 9 月，网易发布了首款以梦境解密为主要内容的 AR 手机游戏《悠梦》，让玩家通过手机屏幕就能感受到虚幻与真实集合的视听体验。同年 11 月，网易投资了 AR 游戏公司 Niantic，进一步加强了对 AR 内容的探索。

2021 年 8 月，网易伏羲正式推出了沉浸式的参会互动系统——瑶台，开创了一种崭新的古风沉浸式虚拟现实会议世界。在瑶台中，会务方能够根据自身需求在现场中设置多种不同风格的活动场所，精准复刻现实的会议情景并且可以同时容纳五百人参会。基于此功能，全球学术会议、签约典礼、线上展览、招聘会、创新产品发布会等多个场合都能通过瑶台实现，网易云音乐上市活动和网易投资大会等多场线上会议活动即是如此。瑶台在现有情景搭建的技术上将进一步探索虚拟现实社交新功能，以便支撑其安全、便捷、稳定的服务。

网易依托自己在游戏领域的先进技术实力，已在 AI 技术和元宇宙内容搭建上取得了良好成效，但其在 AR 硬件上仍需要更多投入。网易 CEO 丁磊认为："元宇宙是个很火的定义，但是目前谁也不能了解元宇宙。"总的来说，网易在发展元宇宙科技和搭建游戏元宇宙上具有极大的优势。

3. 华为：基础研究与内容并重

华为技术有限公司是全球领先的信息和移动通信科技（ICT）方案供应商。2021 年华为的营业收入已达 6368 亿元人民币。华为主要在元宇宙的基础研究上持续发力，特别是在元宇宙底层基础设施提供和技术储备方面。

在硬件领域，2020 年 5 月华为发布了第一款拥有 8K 解码能力的海思 XR 专用芯片，此款芯片整合了 GPU 和 NPU 技术，AR 眼镜 Rokid Vision 就采用了此款芯片。

在技术方面，华为研发的鸿蒙系统并非一个简单的移动手机控制系统，而是面向万物互联网时代发展的全场景分布式网络控制系统。华为研发的 AR Engine 目前已更新至第三代，这款引擎可以在 Android 平台搭建增强现实应用，完成虚拟世界和真实世界的融合，提供更完整的互动体验。

2020 年 11 月，华为发布了"星光巨塔"AR 互动体验 App。此款 App 基于 Cyberverse（河图）虚实结合技术实现了地图的 3D 高精度化，并在全场景空间计算、强环境 / 物体理解和虚实世界融合渲染方面进一步深入，让用户进入 App 就可以看到一个虚实相融的世界。

4. 米哈游：夯实基础，向外开拓

上海米哈游网络科技股份有限公司是上海游戏界四小龙之一，2021 年米哈游营业收入超过 200 亿元人民币。在清华大学沈阳教授《元宇宙发展研究报告》第一版中，米哈游被列为中国元宇宙五大典型企业之一，米哈游为中国游戏产业全球化贡献了中国力量。

2021 年 6 月，米哈游出资 8900 万美元参与社交应用软件 Soul 所属企业的私募配售。Soul 的主要目标是建设属于 Z 世代的社交元宇宙，而米哈游主要深耕在游戏元宇宙这一领域。在此基础上，这一举措或为社交与虚拟世界观这一元宇宙基础领域的构建注入强大活力。

作为二次元和游戏领域的深耕者，米哈游在技术研发、卡通渲染、人工智能、云游戏技术等方面都有着强劲的实力。早在 2018 年，米哈游就成立了米哈游研发中心——逆熵工作室，该部门也负责了 Avatar 鹿鸣的创造。鹿鸣是由米哈游打造的新生代 IP 虚拟现实偶像。在虚幻引擎的支持下通过高品质渲染、动态捕捉（肢体、表情、手部）等技术，使鹿鸣成为当下最火的虚拟偶像之一。此外，在 UE 技术的支持下，鹿鸣可以通过调整剪辑实现"所见即所得"，进一步提高产出品质和生产效益。未来，米哈游希望将鹿鸣的使用场景扩展到更多领域。

米哈游董事长蔡浩宇曾表示："期待到了 2030 年，可以打造出全世界十亿人都希望生存在这里的虚拟世界。米哈游同时也期待，在未来可以做到类似于《黑客帝国》《头号玩家》等大片中所展示的虚拟世界。"这进一步表明了米哈游将持续在游戏元宇宙上发力，未来，米哈游有可能在游戏元宇宙领域占据重要位置。

5. 莉莉丝：搭建平台，注重研发

上海莉莉丝网络科技有限公司主要发展游戏虚拟与互动业务，与米哈游一样，莉莉丝也是上海游戏界四小龙之一。作为 2021 年年度游戏十强"走出去"企业，全球已有超过 180 个国家和地区有莉莉丝的身影。此外，莉莉丝也被《元宇宙发展研究报告》第一版列为中国元宇宙五大典型企业之一。

在游戏内容领域，莉莉丝不断筑牢元宇宙底层技术，将数字经济与中华文化良性结合，成功发挥出"走出去"的正向作用。其推出的《剑与家园》《万国觉醒》《剑与远征》等游戏均在全球市场取得巨大成就，特别是《万国觉醒》更是多次成为中国战略类手游在海外的销售冠军。莉莉丝公司副总裁胡睿指出，网络游戏是当下离元宇宙最近的产业形式，而唯有在研究生产流程的工具化、自动化、实时化、智能化之后，虚拟现实环境才可以涵盖更多的生产生活情景。

在技术领域，莉莉丝将主要目标放在 AI、云游戏以及 UGC 平台上。早在 2018 年，莉莉丝就投资了启元世界这一 AI 智能技术开发商，旨在提高自身在线

游戏的认知决策型智能技术。莉莉丝自研的 UGC 写作平台达芬奇，投资或并购的萌娱科技、方趣网络、念力科技等都使莉莉丝具备了布局元宇宙和开发云游戏的科技硬实力。北京念力科技 CEO 范子瑜称，念力科技已经花费了将近三年时间进行高新技术的累积并突破了操作系统层面的各种技术障碍。目前，念力科技已具备了国内领先的自有核心技术，能够支撑网络游戏内容一键云化，并提出了混合云实施方案。

提高 AI 的科技创新能力一直是莉莉丝发展的方向。莉莉丝公司 COO 张昊指出，新一代人工智能科技将是未来中国国内互联网技术产业发展的主要基础，而启元世界公司必将发展为领先世界科技的中国国内最大新一代人工智能科技公司。当下，启元世界和莉莉丝已实现了深度协作。启元世界利用其培训 AI 技术，协助企业解决了许多网络游戏的实际技术难题，莉莉丝启元世界培训 AI 技术创造了真实的数据环境。两者之间形成了良性互动，实现了共同赋能。

从莉莉丝投资的网游公司可以看出，莉莉丝所选用的研发队伍十分严谨且富有针对性，这也是莉莉丝持续保持高位产量的关键。例如，莉莉丝还投资了荆甲网络作为《剑与远征》的主要研发队伍。

总的来说，莉莉丝以网络游戏发家，迅速积聚了大量资金，并转而进入了 UGC 平台、云游戏以及 AI 应用等领域。从短期战略而言，这可能是为了促进公司网络游戏业务的蓬勃发展；就长期战略而言，莉莉丝不管是在 UGC 平台、云游戏还是 AI 应用等领域的布局都为自身发展元宇宙奠定了良好的基础。

6.3　游戏元宇宙产业链分析

从 6.2 节国内外企业游戏元宇宙产业布局可以发现，微软、Meta、腾讯、字节跳动等互联网巨头，拥有庞大的用户群和先进技术支持，发展游戏有得天独厚的优势。这类公司积极布局元宇宙产业链下游的具体应用场景。纵观整个国内市场，腾讯被业界认为是中国最有可能成为元宇宙企业之一的技术领先者。目前，腾讯正在持续投资与元宇宙概念相关领域的科技公司和新产品，而 Roblox 和 Epic 都已经在这个名单中。

制作游戏《堡垒之夜》的 Epic Games 高调押注了元宇宙。2021 年 4 月，字节跳动为"中国版 Roblox"代码乾坤投资近亿元。玩家可以使用各种基本技术来变形或消除角色，创建具有不同风格的对象和场景，并收集材料以获得相似的物理特性。目前已由编写通用代码的科学家提供。Meta 是除了 Roblox 之外最知名的元宇宙公司，他们发布了 VR 社交平台 Horizon。

在元宇宙产业链上游的技术板块，虽然受到的关注较少，但其对于元宇宙产业发展的支撑作用不可忽视。例如通信领域，元宇宙对通信参数的要求十分严格，高速、低延迟、超链接是基本需求。此外，海量数据处理、实时云渲染和智能计算等也是构成元宇宙的基础架构，这就要求搭建极其强大的建筑系统。随着 5G 通信、大数据和人工智能等技术的成熟，"虚幻的概念"已经成为过去式。

元宇宙的底层产业链由技术支持、空间计算以及计算机终端硬件系统所构成，包括但不限于人机互动、3D 引擎、游戏与图像渲染、隐私运算等内容，如表 6-1 所示。而在此基础上，元宇宙还要与更大规模的应用软件和信息技术合作，5G、6G、云计算、区块链计算结点、传感器、芯片、VR 头显设备等都是主要发展方向。只有如此，元宇宙才能够产生相应的应用程序，并通过元宇宙的各种应用领域程序开发潜在的信息内容载体。因此，游戏元宇宙的实现必须综合各种技术手段，游戏元宇宙产业链建设需要有各项硬件与软件的结合，并能长期有力支撑创作者进行能动创造。

表 6-1　元宇宙底层产业链概况

环　节	内　　容
技术支持	包括区块链、5G、6G、云计算、AI、芯片等，主要参与企业有华为、亚马逊、高通、Intel、AMD 等
空间计算	包括游戏渲染、图像渲染等场景构建，主要参与企业有 Unity、Epic Games、英伟达等
硬件系统	包括 VR/AR 设备、显示屏、光学设备、传感器等，主要参与企业有谷歌、微软、苹果、HTC 等

6.3.1　硬件部分

以芯片为基础的硬件企业有英伟达、AMD 等，提供云计算的企业有亚马逊和微软。元宇宙底层是由各种硬件、基础设施和智能终端设备等共同组成的。此外，元宇宙还需要大量其他新的软件技术和硬件技术来协作实现。

1. 5G 设备

5G 作为当前新一代无线移动和广播技术，具有高速率、低时延、广连接的重要特点，是被计算机和国际互联网广为利用的无线网络基础设施。数据显示，元宇宙对数据传输能力上限的要求极高，具体体现在数据传输的量级、速率以及稳定性等方面。通信技术作为元宇宙开发的重要网络基础设施，当下发展的 5G 技术依托自身特性将大幅提升 VR/AR 用户体验。目前国外的诺基亚、爱立信以及国内的华为、中兴等公司都在该领域有所发力，5G 技术在诸多应用终端均有分布，如图 6-6 所示。

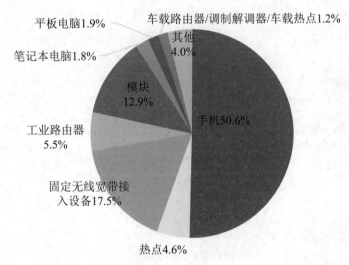

图 6-6　5G 终端类型分布（截至 2021 年 5 月）

（数据来源：网易新闻）

在 2020 年的世界 5G 标准核心及必要发明专利总量排名榜上，中国企业华为以 1970 件的必要发明专利总量位列第一位，高于第二位的诺基亚百分之三十三。我国在"端到端"5G 标准方面的总体力量将高于世界上任何企业。

在产业发展方面，中国电信助力通信技术发展，其推出的 5G 产业方案以 GPP 国际统一技术标准开展，具有"全系列、全场景、全云化"的服务能力。在核心芯片设计方面，由华为研发的华为天罡主要应用多频率、多制式内容的极简

5G 技术，是世界上第一款 5G 基站的内核芯片。华为巴龙 5000 是一款集成度较高的 5G 网络终端核心芯片，已具备单芯片实现多模的技术能力。在 5G 网络建设方面，中国电信已累计发货了 15 万个 5G 基站，并已与世界各地区签订了 50 多项 5G 商用协议，其中的 28 个协议分布在欧洲。

2. Wi-Fi 设备

基于 5G 技术的发展，Wi-Fi 技术也更迭至第 6 代。第 6 代 Wi-Fi 技术在传输速率、功耗、空间以及性能等方面有较大提升。Wi-Fi 6 的传输速率极高，最高可达 9.6Gbps；在功耗和空间层面，Wi-Fi 6 能够支撑更多的设备接入并同时满足其需求。此外，千兆宽带和 Wi-Fi 6 技术相配合，能够较好满足 VR/AR 设备的网络要求，游戏元宇宙的各种设备可以更快速地相互连接，增强玩家游戏体验。据 ZDC 相关统计数据显示，2021 年第一季度 Wi-Fi 6 路由器关注比例超过 50%，如图 6-7 所示。

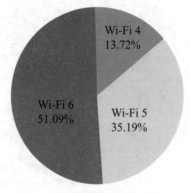

图 6-7 2021 年第一季度无线路由市场关注度

（数据来源：中关村在线）

3. VR/AR 设备

Meta VR/AR 团队的首席科学家迈克尔·亚伯拉什认为 VR/AR 技术的发明与发展是计算机历史上的第二次大浪潮。VR/AR 也是与元宇宙发展中最具代表性的一项技术，VR/AR 是以一种"全新且独立的产品形态"面向用户，具有巨大的吸引力。游戏元宇宙未来的一大发展趋势就是与 VR/AR 设备结合，以顺利进入游戏元宇宙的大门。据相关数据预测，VR 头显出货量在 2025 年将达 3000 万台，如图 6-8 所示。同时也有媒体预测，未来苹果 AR 眼镜的销量将突破十亿，这与各公司在硬件上的战略定位有紧密关系。

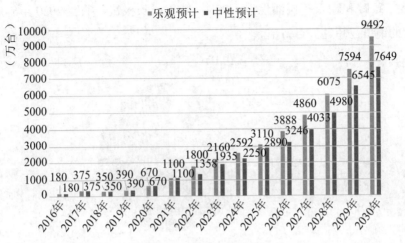

图 6-8　VR 头显出货量预计

与 VR 设备相比，AR 眼镜的一大优势在于重量更轻、更便于携带、价格也更低，所以其相较于 VR 头显的销量也会更高，如图 6-9 所示。

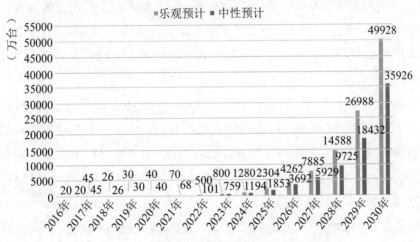

图 6-9　AR 眼镜出货量预计

2014 年 Facebook 收购 Oculus，进一步加强自身的硬件建设水平。在 2021年第一季度全球 XR 设备品牌市场份额榜中，Oculus VR 以 75% 的占比居于首位，而索尼是销量仅次于 Oculus 的 VR 眼镜生产企业之一，如图 6-10 所示。2016 年10 月，索尼正式推出 PlaySation VR（PSVR），区别于其他 VR 设备，PSVR 由本机提供算力支持。索尼预计在 PS5 主机上进一步升级 VR 操作系统，以提升其清晰度、跟踪和输入等层面性能。PSVR 销售成长极快，截至 2020 年年底索尼 PSVR 的销量已超过五百万部。

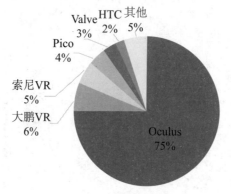

图 6-10　2021 年第一季度全球 XR 设备品牌份额

微软也是发展元宇宙硬件设备的主力军。其推出的 AR 设备 Kinect 和 HoloLens，可以接入各种终端实现自主使用，例如，HoloLens 2 就可以与 Azure、Dynamics 365 等远程方案结合使用。HoloLens 主要作为生产力设备流通，可以与制造、建筑、医疗、汽车、军事等垂直行业结合实现生产。2021 年 3 月 31 日，美国政府宣布将与微软公司开展一项超过 219 亿美元（约合人民币 1437 亿元）的合约，供应最少 12 万套 AR 的装置。

谷歌公司主要发展企业级 AR。谷歌在 2014 年推出了正式版的 Google Glass，但该版本的 Google Glass 饱受侵犯隐私权的争议，且外观与价格不匹配并没有在市场普及。直到 2017 年，Google Glass 重新推出运用在农业机械、工业、运输等领域的面向中小企业的企业版本，在一定程度上实现了探索 AR 生产的新方式。

苹果在 VR/AR 设备上也进行了布局，且发展眼光极具战略性。早在 2006 年苹果就提交了一项头戴式显示器的专利。而目前，苹果已有 330 多项公开可查的关键专利。通过技术的发展，苹果为实现用户和内容的交互进一步夯实了基础。

从 VR/AR 的硬件构成上来看，处理器、存储、光学显示/屏幕仍是占据成本比例最高的部分，如图 6-11 所示。在 VR 设备中，主力的芯片目前主要采用高通骁龙 XR 系列，国产芯片主要有瑞芯微、全志等。VR 图像显示主要利用主流 VR 头显透镜光学部件——菲涅尔透镜实现这一短距离目标。与 VR 设备不同的是，AR 设备的光学与显示部分几乎占据了成本的一半，如图 6-12 所示。因此，对于 VR/AR 设备的上述领域，更应该加大科研投入，促进该领域产业链成熟，进一步降低设备成本。

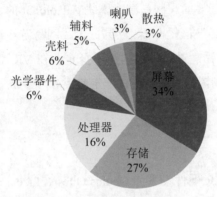

图 6-11　VR 硬件成本占比

（数据来源：《VR/AR 是中场，Metaverse 是终局》）

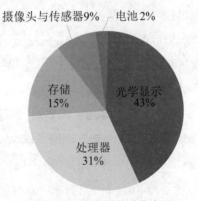

图 6-12　AR 眼镜硬件成本占比

（数据来源：《VR/AR 是中场，Metaverse 是终局》）

中国的 VR 硬件产业链已经较为成熟，这进一步降低了游戏设备的价格。当前，Pico（被字节跳动收购）是国内 VR 设备的主要生产商，在中国 VR 设备市场中位居第一。此外，百度 VR 和爱奇艺奇遇系列 VR 也是国内主要的 VR 硬件产品。百度 VR 主要针对企业端用户，提供产业数字化升级解决方案。爱奇艺 VR 设备主要面向消费者提供影音及游戏等娱乐体验，在国内外 VR 眼镜市场中始终占有一席之地。爱奇艺还制造出世界上第一款 4K VR 一体机，实现了"5G+8K"VR 直播，并在计算视觉技术（CV）头手 6DoF VR 交互技术上实现突破。网易也是中国生产 VR 硬件设备的主力军，主要产品是消费级 AR 眼镜（HoloKit）和网易影见投影仪。HoloKit 可以支持苹果的 ARKit 和 ARCore，并且拥有自身的人机交互界面。网易游戏围绕着 HoloKit 的 AR 眼镜进行了产业布局，并规划由网易人工智能事业部、网易严选、网易游戏事业群三大事业部联合支持的 HoloKit AR 项目建设。虽然国内不少企业在 VR/AR 设备方面有所布局，在高质量体验层面仍和国外 VR 设备有一定差距。

6.3.2　操作系统

目前主流的 VR/AR 硬件设备如 Oculus Quest、Pico、Android 等的操作系统都是基于 Android 系统的二次开发。由相关设备的出货量数据不难推断 Android 系统在 VR/AR 硬件操作系统中具有最高的市场占有率。为了减少对 Android 操作系统的依赖，Meta 推出的新硬件设备产品如 Portal 智能显示屏、Oculus 及 VR 头戴设备等，期望用"Facebook OS"取代 Android 系统。Meta 以类似苹果的完全封闭生态为主要建设目标，也期望能够掌控包含智能硬件产品设计、智能芯片、控制系统等几个环节在内的完整生态。也就是说，Meta 期望能够掌控整体生态，包含对硬件设计、芯片、应用等几个环节都拥有控制力。与之相对，微软已在自身产品的 HoloLens 和 HoloLens 2 上运用了以 Windows 系统为基础的操作系统，摆脱了 Android 系统的控制。国内的虹宇科技也在 2020 年发布了自研的 VR/AR 3D 多任务系统——Iris OS，进一步实现了自身的独立性建设。

6.3.3　开发工具

当前，对于 VR/AR 技术来说，已不再是依靠 Oculus SDK、Open VR 等厂商原始 SDK 的简陋低效开发阶段，而是进入了有由 Unity、Unreal 等第三方技术支持下的成熟图形引擎、游戏引擎的高效开发阶段。2020 年第四季度发布的全球 TOP1000 移动游戏中有 71% 的产品采用 Unity 引擎开发，而 Unreal Engine 占有全球商用游戏引擎 80% 的市场份额。基于游戏元宇宙的发展要求，3D 开发工具逐步向简单化、轻量化、可视化发展，而在游戏引擎领域主要有 Epic Games、Roblox、Unity 3 家企业，如表 6-2 所示。

表 6-2　三大游戏引擎企业业务对比

	Epic Games	Roblox	Unity
经营策略	3D 引擎平台 + 社交游戏以及创作	社交游戏以及创作	2D 移动游戏引擎以及游戏服务
创作平台	最先进的 3D/ 虚拟世界创建平台供超出 750 万开发者和爱好者使用（虚幻引擎免费）	Roblox 简单创作工具	主手机游戏开发创作
用户分析	350 万《堡垒之夜》用户 12 ～ 24 岁（62%），25 ～ 35 岁（23%），35 岁以上（15%）	10 亿用户中 54% 用户年龄低于 12 岁，25 岁以上用户仅占 14%	相较于 2020 年，2021 年 Unity 用户的数量增加了 31%，使用 Unity 平台制作的游戏比 2020 年增加了 93%
变现方式	虚幻引擎：5% 基础版税 + 游戏内购 + 在线商店 12%	《罗布乐思》抽成 80%	主要为订阅费

国内也有一些自研游戏引擎，如西山居的自研引擎、网易不鸣工作室推出的混沌引擎、网易 AkEngine、完美世界自研的 Angelica Ⅲ 游戏引擎等。随着游戏元宇宙的大幕逐渐拉开，游戏引擎在游戏元宇宙场景构建方面将会发挥巨大作用，国产游戏引擎仍有入局空间。

由苹果搭建的 ARKit 是一个增强现实开发者平台，具有动作追踪、范围估算等功能，同时也支持 Unity、Unreal 和 SceneKit，进一步便利 AR 游戏开发者的创作。谷歌发布了与 ARKit 适配的增强现实 SDK，叫作 ARCore。国内 AR SDK 有百度 AR、腾讯 QAR、支付宝 AR 等。

6.3.4　平台内容

在游戏元宇宙内容构建方面，首先是游戏开发商通过 IP 方获得其所拥有的文学、影视、动漫、游戏中包含的角色、图像、文字、情节等素材。游戏开发商可以通过 IP 内容搭建出优质框架实现内容设计的基础工作，同时 IP 具有现成的世界观和美术风格无须再引导用户。基于 IP 创作的游戏内容，用户忠诚度更高、流量更高且变现更加容易。

索尼拥有海量的 IP 资源，包括《蜘蛛侠》《勇敢者的游戏》《毒液》等。这些 IP 资源与其开发的 PSVR 都为硬件入口的开发提供了一个新的思路。2020 年年底，索尼影业董事长兼 CEO 表示索尼今后将持续进行内容整合的计划，提高 IP 资源的利用率。但是，随着元宇宙的不断发展，将会吸引更多内容创作者，索尼仍需要进一步加强自身的内容生态建设。

国内的 IP 内容以中文在线为主要平台。知名作家、原创平台、版权机构都是中文在线的正版数字内容来源。文学和科幻作品本身天然与元宇宙有着共同的虚拟现实交互属性，这是中文在线的优势所在，也是其敢于扛起内容元宇宙大旗的原因。中文在线拥有著名科幻作家刘慈欣的《流浪地球》《乡村教师》等 29 部作品以及《第九特区》《狩魔手记》《陨神记》《吾名玄机》等一批具有强大粉丝基础的优质科幻 IP。这些高质量的科幻、武侠、动漫 IP 都可以为游戏元宇宙的内容构建提供优质的灵感、先天的流量以及庞大的粉丝基础。

米哈游在原创 IP 领域有着极强的生产能力。依靠自身的原创 IP，米哈游致力于研发并经营相关游戏，如《崩坏学院》《原神》等都取得了不俗成绩。

在游戏内容制作方面，国外企业任天堂、索尼、育碧等以及国内企业腾讯、网易、完美世界等都在游戏元宇宙的浪潮下迎来了巨大的发展机遇。游戏内容生产领域，米哈游多渠道进军，投资了任意门、潮玩宇宙等多家企业。同时，米哈游也在游戏周边、媒体以及研发领域注入了资本，持续提升自身元宇宙建设水平。莉莉丝主要以"全球化"与"品类进化"作为自己的核心战略，通过开放和发展的手段进一步深入全球市场，并研制出多款游戏作品，在全球游戏市场中发出中国游戏之声。旗下的移动游戏《刀塔传奇》在 App Store 一经上线就抢占排行榜前列，如今的《刀塔传奇》已成为业内动作卡牌类游戏的典型范例。此外，莉莉丝代理的 *Heroes Tactics* 在海外上线后，也在多个地区设立了发行团队或确定战略合作伙伴。

Steam、Oculus、VIVEPORT 以及 PlayStation Store 是全球影响力最大的 4 家 VR 游戏分发平台。Steam 是第三方分发平台；Oculus、VIVEPORT、PlayStation Store 这 3 家是由设备厂商主导的分发平台。根据上述 4 家分发平台所提供的游戏类型数量，能够初步反映目前游戏平台的内容构建偏好。根据图 6-13 所示，总体而言，目前 VR 游戏市场更偏重生产动作类游戏，动作类游戏在 4 家平台的游戏类型排名中均位于前列。其次，冒险类游戏也较为热门，在 Steam、VIVEPORT 以及 PlayStation Store 3 个平台上占比较高，而冒险类游戏在 Oculus 平台似乎并未得到较大的关注。

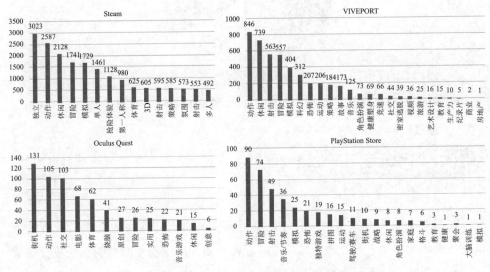

图 6-13　各平台不同游戏类型数目统计

Steam 作为第三方分发平台在各大游戏平台中拥有众多的游戏和玩家，还能适配 Valve Index、HTC VIVE、Oculus Rift 等主流机型，活跃度极高。

细分而言，在 Steam 的 VR 游戏分类中，占比最多的依然是动作类游戏，如图 6-14 所示。在动作类游戏的基础上开发者加入了更多的元素进一步丰富了游戏内容，呈现出"动作＋综合化"的游戏趋势。同比 2019 年，模拟类、RPG 类及体育类的游戏畅销款数量均有增加，这也体现出游戏用户重心的转移。Oculus Home 平台上的游戏呈现出高质量、高号召力的特性，Oculus Quest 发布后，其上内容的数量和质量都有所提升。VIVEPORT 平台主要以休闲游戏作为内容建设的重点。此外，该平台不仅适配 Oculus、Valve、Windows 的主流机型，还适配于国内爱奇艺、Pico 的设备，从而进一步提升了国内玩家的使用率。PlayStation Store 主要发展主机 VR 游戏，主要适配于 Sony 的 PSVR 系列。正因其主机的 VR 特性，其用户黏度很高，数量和销量成正比，相关的 VR 游戏内容也不断丰富，进而吸引着新的消费者加入。

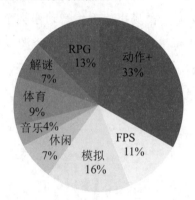

图 6-14　2021 年 Steam VR 畅销游戏榜游戏类型分布

6.4　游戏元宇宙产业链发展

在游戏不断变革发展的历程中，其已经演变并形成集游戏元素、视听效果以及各类相关活动于一身的新体验方式。元宇宙的出现将是游戏的新一段发展征途，元宇宙能集成各种游戏体验和非游戏体验，将它们充分融合，由技术、消费者和新的更加灵活自由的交互方式共同促进游戏世界的演进和发展。元宇宙包括游戏元宇宙的短期和长远发展，都将催生全新的商业模式、内容产出、交互形式以及社会组织模式。而这些演变将导致游戏变成一个平台，使得许多利益相关者在其核心产品之上共同创造利益并获得新价值。

因此，随着元宇宙概念的大火，一批与游戏元宇宙相关的产品已然涌入市场，商业巨头们也已经开始布局游戏元宇宙。而在对元宇宙概念比较重视且有一定基础的中美日韩 4 个国家，游戏元宇宙的发展也随着元宇宙的整体布局飞速进行着。

6.4.1　国外游戏元宇宙产业链发展现状

1. 美国：理念先驱，产业发展领袖

美国作为最早进军元宇宙产业的国家，主要在元宇宙的基础设施和平台建设领域进行布局，在全球元宇宙的许多应用领域中均扮演着领袖的重要角色。

在后端基建方面，美国的云计算技术应用能力极强。美国的科技巨头企业如亚马逊、微软、谷歌、IBM 等都在云计算技术应用领域具有极强的统治力。以亚马逊为例，其具备强劲的云运算业务实力。目前全球百分之九十以上的大规模游戏企业都依靠亚马逊云网络托管业务，它是世界最大云服务提供商的头部企业。

英伟达（NVIDIA）在图像处理核心芯片（GPU）应用领域拥有一定的市场话语权与领导权。2019 年英伟达为 AWS、谷歌、阿里巴巴、Azure 等主要云服务提供商供应 AI 加速器实例服务。人工智能算法培训行业也是英伟达的主要发展方向。英伟达甚至为全球 TOP500 超级计算机中的 70% 提供 GPU 服务，足以看出英伟达的领导能力。

在人工智能方面，谷歌、Meta、亚马逊、微软等技术巨头也开始积极布局基础计算架构，并且已经研发了 TensorFlow、MXNet、CNTK、Caffe 等一些主要的新一代人工智能计算架构。

谷歌在 2017 年提出了 AI First 的转型战略，已成功搭建出属于谷歌的 AI 生态，并在深度学习计算架构、人工智能芯片等领域进一步提升了自己的实力。谷歌公司拥有十分强劲的 AI 综合能力，在综合 AI 的技术实力和落地能力两方面均在技术巨头中居于业界前列。

谷歌在深度学习计算架构的建设方面已成功搭建出 TensorFlow。TensorFlow 是目前 GitHub 上最火爆的学习开源工程项目，是被大量人工智能建设项目所采用的基础计算架构。由于谷歌公司已经将该算法对外开源，所以目前 TensorFlow 已经是全球范围内应用较为普遍的 AI 计算架构，在 PC、移动应用的开发场景中都有广泛应用。TensorFlow 搭载的芯片是由谷歌公司专研的 TPU 芯片。TPU 是运行矩阵计算的代表芯片，通过这种计算方式芯片可以提高自身处理的数据量级，从而适应 AI 时代爆发增长的数据规模。

在底层架构技术方面，Unity 的网络游戏引擎、Epic Games 的虚幻引擎、英伟达的 Omniverse 硬件底层都是基于基础算法框架研发的。科技企业底层架构技术的深耕为游戏元宇宙提供了强大的创新工具，可以应用在网游、影视、工业化与自动化制造等领域。

在游戏产业方面，Take-Two 作为美国主要的网络游戏制作和发行商也开始探索元宇宙。其旗下有 2KGames、Focus Home Interactive 和 Rockstar Games 等分公司。据 Take-Two 2019 年第一季度财报，其在营收和利润这两个重点领域都维持了同比成长，这也促使 Take-Two 的股价盘后上升了 5.74%，股票价格上涨到每股 122 美元。

受全球网络游戏市场激烈竞争的影响，Take-Two 在元宇宙积极探索并发布了新游戏《漫威暗夜之子》。该游戏将通过区块链进一步为 NFT 元宇宙赋值。《漫威暗夜之子》中的稀有 T2 卡牌将达 SSSSS 级，这进一步增强了 T2 卡牌的真实性和收藏价值。而 Take-Two 旗下所有游戏都将支持 T2 卡牌流通。该款游戏用分布式合约的规则进一步提升对玩家的吸引力，使玩家可以在虚拟中获得娱乐和投资盈利的快感。

2. 日本：ACG 产业底蕴深厚，IP 内容资源丰富

日本 ACG 产业的积淀以及 IP 资源的优势，是日本发展元宇宙的一大亮点。日本在元宇宙方面技术的布局规划上也重点环绕着 VR 硬件设备与网络游戏产业生态的发展。索尼宣布与知名 VR 产品开发商 Hassilas 公司联合拥有 PlayStation 主机设备操作系统和网络游戏产品生态，并在 2020 年第二度投资的 Epic Games 项目中，在虚拟现实引擎等新技术方面有所布局。同时，索尼还发布了 *Dreams Universe*，使用者能够在这里完成 3D 游戏创作、自制视频等，并共享内容至 UGC 社区。

在应用层面，日本坐拥大量的 ACG 文化（动画、漫画、游戏）作为内容基石，并正在积极地与元宇宙世界加以糅合，以达到最好的虚拟现实化效应。2020 年 8 月 5 日，由 Avex Business Development 及 Digital Motion 所共同成立的公司 Virtual Avex 计划促进所有现有动漫与游戏角色的宣传，举行虚拟艺人活动，以及将实际的艺人演唱会等活动虚拟化。2020 年 3 月，任天堂推出了《动物森友会》系列的第 7 部作品《集合啦！动物森友会》，与此前的《动物森友会》系列作品一样，每位用户必须独占一个荒岛，之后才能登陆其他用户的小岛；用户也可设计自己的服装、招牌等道具。另外，为了向娱乐等使用场合扩展，日本开始将相关的科学技术运用于演艺活动和会议等领域。

3. 韩国：政府引领，偶像产业驱动

政府大力推动发展虚拟数字机器人是韩国发展元宇宙的一大特色。韩国政府于 1998 年提出并实施了"文化立国"战略，由政府部门进行宏观调控，积极引导韩国文化产业的技术升级创新，提升了韩国文化创作的质量，为韩国文化蓬勃发展营造了积极向上的气氛。而韩国在对于元宇宙文化发展上的政策也基本借鉴了中国相关政策，并实行了相对主动的文化发展扶持政策。

韩国在政府部门的主导下成立了"元宇宙联盟"，旨在通过政府部门和民营企业之间的共同协作，在民间构建元宇宙生态。同时，韩国的数位新政也推进了数位内容产业发展补助计划，该计划总共投资了 2024 亿韩元（约合 11.6 亿元人民币），其中 XR 内容开发援助 473 亿韩元（约合 2.7 亿元人民币）、数字内容研发援助 156 亿韩元（约合 0.89 亿元人民币）、XR 内容产业基础建设援助 231 亿韩元（约合 1.3 亿元人民币）。

在韩国政府元宇宙建设政策的推动下，其首都首尔致力于打造元宇宙城市。首尔市政府于 2021 年 11 月 3 日宣布将建立元宇宙平台，并打算在虚拟世界开展城市公共服务工作。据韩联社报道，该项目在"首尔愿景 2030"规划下以 39 亿韩元预算的总费用力图将首尔市建造成"未来之城"。首尔市政厅搭建了名为"Metaverse Seoul（元宇宙首尔）"的元宇宙政务平台，并宣布，"元宇宙首尔"将进一步实施民众和中小企业公共服务虚拟现实化措施。例如，举行虚拟跨年庆典，设置虚拟区长办以及提供金融技术、投资和"大学城"项目的虚拟服务工作。

在科技领域，韩国以三星电子为代表的大公司是元宇宙世界的重要领导力量。三星电子目前在"虚拟数字人"方面技术的研发势头相当强劲。2020 年，三星旗下创新型实验室 STAR Labs 自主开发的"人工智人（Artificial Human）"项目 NEON 于国际消费电子展（CES 2020）上公开展示。NEON 可以像真人那样迅速回应交谈，做出逼真的动作和表情，并且每个表情都不尽相同；还可以建立机器学习模式，在对人的声音、表情等信息加以抓取和了解之后，将产生如同人脑的长时间的记忆能力。NEON 通过 Core R3 和 Spectra 平台以及 AI 技术的支撑，在沉浸式体验方面取得了成功。

韩国 Snow 公司推出的社交类 App ZEPETO，目前全球累计超过 2 亿用

户。他们中 90% 来自韩国以外，80% 的用户为青少年。2020 年 9 月，ZEPETO 上举行了偶像团体 BLACKPINK 的虚拟签名会，共有四千万人参与。同时，ZEPETO 还与全球时尚品牌如 GUCCI、NIKE、Supreme 等联名发布了大量虚拟现实商品。

总体来说，目前韩国在虚拟数字人方面的技术应用相对成熟，并且韩国正在寻找虚拟数字人与其成熟的偶像工业技术结合的最佳方式，二者的结合可以为未来的元宇宙游戏产业提供非常好的使用场景。韩国 SK Telecom（SK 电讯）还专门研发了基于 AR 技术的 App，用户可以设计个人 AR 形态并投放到现实场景中制作为照片、视频等。同时，该 App 还与众多 K-POP 艺术家联名合作创造了明星的个人 AR 形象，并通过体积视频制作技术，允许用户与偶像随时随地合影留念。游戏企业 NCsoft 开发的元宇宙平台，也特地为 K-POP 粉丝们提供了咨询服务，如 *Private Call*，用户除了能够获得经过深度学习生成的艺人的语音信息外，还能够自己装扮偶像成员的 3D 角色。

6.4.2　国内游戏元宇宙产业链发展现状

随着元宇宙在科技领域的不断深入发展，其应用场景也在不断增多，吸引了众多资本入场。当下元宇宙的发展主要以基础建设为主要方向，因此有相关人员预测 VR/AR、算力、AI 等基础产业的企业股价将会增长 5 ～ 10 倍。科技巨头 Facebook 更名为 Meta，这一举措将人们的眼球吸引在元宇宙板块上，交投活跃的同时也出现了短期过热等迹象。

如表 6-3 所示，截至 2022 年 1 月 15 日，国内共有 27 个行业的 117 家企业涉足元宇宙板块。其中，文化传媒成为主要的发展行业。此外，在游戏、互联网服务、光学光电子、软件开发等行业也有企业布局元宇宙。

表 6-3　元宇宙板块企业概览

行　　业	数　　量	占比 / %
文化传媒	18	15
游戏	16	14

行　业	数　量	占比 / %
互联网服务	14	12
光学光电子	10	9
软件开发	9	8
消费电子	9	8
通信服务	6	5

　　面对迅猛的元宇宙发展浪潮，国内元宇宙相关股票市值大幅上涨，表现强劲，如表 6-4 所示。越来越多的游戏企业相继进军游戏元宇宙，纷纷借元宇宙的东风分这第一杯羹，如表 6-5 所示。

表 6-4　元宇宙板块涨幅概况

行　业	名　称	涨　幅
文化传媒	湖北广电	194.24%
文化传媒	锋尚文化	126.18%
互联网服务	新开普	123.39%
文化传媒	蓝色光标	111.18%
游戏	天神娱乐	100.35%

表 6-5　A 股中游戏元宇宙概念股

名　称	上市时间	总市值 / 元
电魂网络	2016/10/26	6 398 021 805.0
惠程科技	2007/9/19	3 263 853 341.76
天神娱乐	2010/2/9	7 613 257 472.78
凯撒文化	2010/6/8	7 041 054 885.76
ST 晨鑫	2010/7/13	2 583 219 330.0
世纪华通	2011/7/28	50 900 964 091.44
完美世界	2011/10/28	26 849 162 711.36
恺英网络	2010/12/7	11 279 192 402.16
三七互娱	2011/3/2	54 492 925 384.17
巨人网络	2011/3/2	20 284 286 918.64

续表

名　　称	上市时间	总市值／元
神州泰岳	2009/10/30	10 884 060 511.199 999
宝通科技	2009/12/25	8 551 755 598.42
中青宝	2010/2/11	6 393 134 524.0
顺网科技	2010/8/27	9 539 506 677.6
天舟文化	2010/12/15	3 402 687 552.290 000 4
昆仑万维	2015/1/21	22 422 469 867.199 997
汤姆猫	2015/5/15	17 121 999 272.93
盛天网络	2015/12/31	4 751 431 309.019 999 5
盛讯达	2016/6/24	5 387 164 770.0

　　元宇宙产业的发展受科技水平和相关环境的影响巨大，因此可以通过长短期记忆网络（LSTM）对股票价格进行预测。在长短期记忆网络的指导下，对游戏元宇宙相关概念股的收盘价进行获取分析，通过对比截至 2021 年 12 月 31 日的股价数据，得出如图 6-15 ～图 6-17 所示的部分进军游戏元宇宙的企业股价涨跌以及游戏类概念股股价涨跌预测情况。

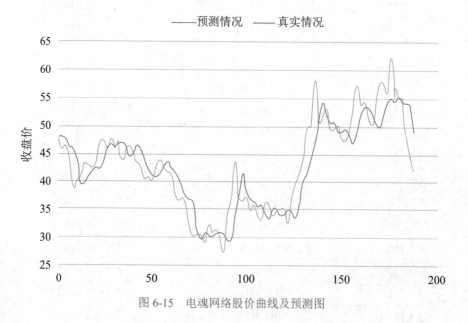

图 6-15　电魂网络股价曲线及预测图

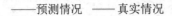

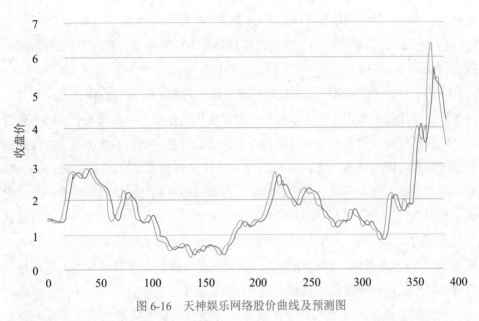

图 6-16　天神娱乐网络股价曲线及预测图

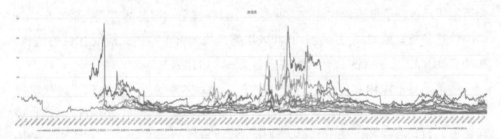

图 6-17　游戏概念股股价曲线及预测图

当前,游戏元宇宙正处于发展初期,游戏元宇宙的概念并不成熟,相关企业的业务主体仍是基本的游戏研发。随着科学技术的不断发展及相关利好政策的出台,元宇宙概念股实现良性发展,从而进一步推动游戏元宇宙产业链的发展。

国内企业在后端建设方面具有一定的资源优势,当前在虚拟交互、人工智能等新技术领域,有慢慢赶超国外巨头的趋势。5G 技术可以为元宇宙世界提供巨大的数据支持,在应用于 VR 等头显设备时可以有效减轻用户眩晕问题。目前,全球经济正在逐渐地向 5G 水平过渡,而中国在 5G 技术领域又有着突出的优势。一方面，我国强大的基础设施建设能力，推动着 5G 的快速普及；另一方面，由于我国已经具备了 5G 通信技术实力，并且拥有一个"互联网＋芯片＋终端用户"的端到端移动 5G 方案系统，在网络层面为元宇宙发展提供了支持。

华为一直是 5G 网络构建的技术领导者，在内容、场景、协作几方面都有一定优势。依托技术实力，华为以基础研发建设作为自己着手布局元宇宙的主要目标。随着基础研发的投入增加，华为在云计算、信息网络、芯片制造、智能硬件等领域都有一定的技术突破。早在 2018 年，华为就建立了河图（Cyberverse）项目，虽然表面含义上区别于元宇宙世界，但其总体目标同样是期望建立一个宇宙级、与现实世界无缝融入、可持续发展的虚拟世界。当下，华为河图主要发展底层技术架构。可以通过河图，借助终端智能硬件产品以及地图数据信息，融入三维地图与 VR/AR 技术，再利用空间计算算法连接用户、空间与数字内容，最后给移动终端的用户提供崭新的互动模式和视觉感受。

我国的企业在云计算市场上的成长十分迅速，其中阿里巴巴公司在云计算应用领域已占据了世界领先地位，并专注于以在线公共服务的方式提供安全、可信的计算和数据处理能力，让计算和人工智能成为普惠科技。根据 IDC 的统计，2020 年阿里巴巴在 IaaS 公有云服务排名第三，占比为 9.5%。

腾讯是目前国内在元宇宙产业布局方面较为完整的企业。腾讯通过战略投资的方式在大数据、区块链、服务器、人工智能、图像处理、虚拟现实场景设计等专业科技领域均有集中布局。例如，腾讯投资了 Snap 公司，后者通过收购 WaveOptics 公司而在 AR 硬件领域拥有着领先的市场地位。2020 年 7 月，由腾讯游戏代理、*Roblox* 的国服版本《罗布乐思》上线。同年 11 月，腾讯音乐宣布与美国的 VR 演出供应商 Wave 展开战略合作。目前，腾讯对 Soul 公司的战略投资持股比例已经达到了 49.9%。

字节跳动在战略布局上以社交与娱乐市场为重点切入口，并运用短视频内容与流量资源优势在国内市场上发力。2020 年 4 月，字节跳动就完全投入到自己所研发的《重启世界》（被称为"中国版 *Roblox*"）等产品中，在物理引擎方面重新布局。2021 年 9 月，通过收购头部 VR 科技企业 Pico，字节跳动补齐了硬件产品的发展短板。同时，字节跳动在基础科技产品上也有良好的布局，

AI 芯片公司希姆计算以及 GPU 芯片设计公司摩尔线程等都是字节跳动的投资对象。

百度在 AI 应用领域有着丰富的实践经验，且其拥有基于百度大脑的百度 VR2.0 产业化平台，目前已着手进行 VR 产业及情景应用层面的研究，未来能够帮助企业在元宇宙中迅速地开辟出属于自己的元宇宙版图。百度还推出了全面链接元宇宙的内容生态以及正在打造在 AI 支持下的元宇宙全新业态。此外，国内的 AI 企业也在元宇宙方面有所布局，商汤科技招股说明书显示，其旗下的 SenseMars 软件平台内含多达 3500 个 AI 模式，能够用以支撑完整的元宇宙使用体验。

6.4.3　国内外游戏元宇宙产业链发展对比

总的来说，美国是最早提出元宇宙概念的国家，这也是因为美国已经具备了一些进军元宇宙所需的基础要素。美国对于元宇宙的关注点主要在基础设施和功能性平台上，基础设施包括云计算和人工智能等技术；功能性平台则主要集中在虚拟体验协作方面。对于游戏产业而言，扎实的技术基础和体验性平台无疑是为游戏元宇宙的运载能力和感知系统提供了坚实的保障。

日本进军游戏元宇宙的优势则在于 ACG（动画、漫画、游戏）产业的深厚积累以及丰富的 IP 资源。相比其他国家，日本游戏元宇宙的发展方向是 VR 等硬件的设计制造以及游戏生态的建立。丰富的 IP 使得日本的游戏元宇宙拥有了大量的原创资源，也为游戏元宇宙的入场奠定了来自全球的庞大粉丝基础。

韩国元宇宙的发展主要得益于其政府的强力引领，而韩国在虚拟数字人领域的发展也独树一帜。基于"文化立国"的发展战略，韩国文化产业的深厚基础为游戏元宇宙的入局准备了优质的生态环境。并且，在"元宇宙"概念刚刚兴起的时候，韩国政府就牵头成立了"元宇宙联盟"，通过政企合作为入局元宇宙做准备。并且，韩国在元宇宙的布局上以城市为基础，例如，韩国在"首尔愿景2030"计划中提出将把首尔打造为"未来之城"。

以上 3 个国家的元宇宙布局各不相同又极具代表性，可以通过这些国家游戏元宇宙的布局来反观自身的发展。我国在国际元宇宙布局中处于中上层次，这得益于我国领先于世界的 5G 技术的优势。目前全球经济正在逐步向 5G 过渡，我国 5G 的快速普及以及优质解决方案为游戏元宇宙的发展提供了网络层面的保障。

但是也应当注意到，目前我国在底层科技水平上仍然难以比肩技术发达国家，在基础建设、内容生产等方面仍落后很多。但基于强大的基建实力以及人口规模优势，只要能够在未来补齐内容生产等方面的短板，后续我国可能在服务内容和场景应用等方面爆发出极大的发展潜能，有望实现对其他国家的弯道超车。

第 7 章　游戏元宇宙产品设计与运营

　　你小时候玩的游戏现在还会玩吗？换句话说，是否有游戏一直伴随着你成长呢？想象有这么一款游戏，能够伴随着用户的成长不断更新，不断调整自身形态，满足用户不断变化的需求。在你儿时，它是你枕边的布娃娃，是你堆砌城堡的沙坑；在你年少时，它是你和朋友之间嬉戏打闹的操场；在你成年后，你和你的爱人在这款游戏里相识、相知、相恋，并且你们的孩子仍然能够加入这款游戏；当你老了，这款游戏又可以满足你和年轻时的玩伴重新相聚的需求。

　　当前，很难有游戏能够持续满足如此多样化的受众需求，但是在元宇宙世界中，是否能够实现？到了元宇宙时代，游戏产品的设计模式将发生翻天覆地的改变。随着游戏产品设计模式的创新，游戏产品的运营也将会发生一些变化。

　　本章节将从游戏运营观念的转变过程、运营策略、周边产品的推广以及元宇宙时代游戏如何形成 IP 体系、游戏元宇宙产品的竞争环境、现状等方面进行探讨。也许读完这一章后，你会有答案。

7.1 游戏元宇宙产品设计

7.1.1 游戏元宇宙的魅力

人们普遍会对新鲜事物充满好奇，萌生出一探究竟的欲望，尤其是人在了解了一定的现实场景之后，结合自身的经历和认知，运用想象力能在脑中孕育出一个新奇的世界。人的内心总是蠢蠢欲动，渴望实现脑中光怪陆离的奇思妙想，试图将其从幻想世界中剥离出来，形成一个独立于现实生活但又客观可知可感的世界。

网络游戏通过对场景奇观和心理奇观的展示，形成了不同类型的分离。即可以暂时将人从现实生活中剥离出来，带入一个现实和想象结合的世界；同时把幻想世界剥离出来，使人与自我分离，让沉浸于游戏中的玩家淋漓畅快地感受在"奇观世界"中的别样体验。

事实上，游戏对人类的影响并非近现代才变得明显，自古以来游戏对人类就极其重要。远古时代，人类试图通过使用"巫术"与天上的"神灵"进行沟通，而巫术中就包含了歌舞等游戏的元素，这是游戏最初的形态，其中掺杂着非常浓厚的功利性和目的性。随着时间的推移，人类社会不断发展，游戏的方式更加多元化，游戏本身也逐渐摆脱功利色彩，回归使人放松、心情愉悦的本质。

到了互联网时代，游戏成为了大众生活中重要的一部分。未来学家麦格尼格尔认为，游戏是 21 世纪最重要的媒介，游戏化是互联网时代的重要趋势。游戏的地位正逐渐被大众认同，2018 年，《英雄联盟》《王者荣耀（国际版）》《皇室战争》《星际争霸 2》《炉石传说》《实况足球》6 款游戏作为表演赛项目登上了亚运会的舞台，并且中国队获得两金一银的好成绩。

得益于此次亚运会对电子竞技的支持和肯定，大众对于游戏行业也逐渐摒弃了固有的偏见。许多游戏项目被大众熟知，甚至培养出了许多明星选手和战队，吸引了越来越多的人关注游戏。中国的游戏用户规模也在逐年扩大，根据数据显示，2019 年上半年中国游戏用户规模就已突破 6.4 亿人，同比增长 5.9%，如图 7-1 所示。

图 7-1　2015—2019 年中国移动游戏市场用户规模增长趋势

（数据来源：伽马数据（CNG））

如今游戏行业正在经历一场声势浩大的元宇宙革新，各大游戏公司和互联网巨头纷纷加入到元宇宙中，建立元宇宙版图，并且广泛吸收技术人才，甚至成立专门的元宇宙团队进行元宇宙技术的研发创新。目前，已有多款元宇宙游戏在市场上热销。那么吸引众多玩家目光，成为玩家们"新宠"的元宇宙游戏究竟有什么魅力呢？又有哪些因素引起了玩家的兴趣呢？

事实上，答案中非常重要的一条是：元宇宙游戏正在颠覆以往人们对游戏的认知，能实现人们想象中各种瑰丽美妙的游戏场景，呈现传统游戏所不能实现的心理奇观需求。

随着游戏元宇宙的发展，游戏已经开始成为人类想象力的实现者，人类理想的开发者。元宇宙游戏借助 VR、AR 技术使人们心中宏伟、磅礴、奇异的游戏世界变成可感可知的真实图景，极大地提升了人们参与游戏的积极性。人们原本蠢蠢欲动的心态变得更为迫切，希望能够在游戏中进行互动，体验元宇宙世界中飞天遁地的战车、惊险刺激的山河、精灵古怪的宠物、五彩斑斓的奇花异草、危机重重的末日荒原、令人惊叹的异族文明……

在传统游戏中，玩家只能隔着屏幕观看一幅二维画面。在元宇宙技术的加持下，游戏可以不断进行沉浸感的叠加，向玩家提供最真实、最还原、最富有创造性的内容，精准把握玩家对于元宇宙游戏的期待心理，重现玩家心目中所构建的奇幻世界。

7.1.2　游戏元宇宙设计的特点

与传统游戏不同的是，元宇宙游戏不具有强烈的规则导向性，游戏规则不是围绕着运营方的预设任务而设置的。在游戏元宇宙中，用户可以体验亲手创造的独一无二的世界。设想一下，一位深度足球迷在游戏元宇宙中可以根据"封装"好的代码打造一座球场，身着自己设计的球衣，和他的偶像们同场竞争，而球衣也将永远留存在游戏元宇宙中。甚至在 AR 技术的加持下，游戏里运动员中场休息喝水时，现实中用户的手里也正拿着水杯，实现虚拟与现实的交融。能实现这一系列的图景与以下游戏元宇宙的三大特点有关。

1. 共创性

游戏元宇宙具有开源的特点，开源指的是技术开源和平台开源，在游戏世界中也是如此。未来元宇宙发展到一定阶段，用户可以通过调取被"封装"和"打包"好的代码，根据自己的需求在游戏元宇宙中进行创造。

每个玩家都可以在虚拟世界中进行创作和编辑，这是未来游戏产品共创性的体现。不过，在实现这个想法之前，游戏元宇宙必须制定好相关的标准和协议，明晰创造物的权属，避免造成游戏元宇宙世界的混乱，同时也要避免低俗、血腥、暴力等不良因素的干扰。

2. 唯一性

游戏玩家在游戏元宇宙世界中的数字身份是唯一的，个体永远是不可复制的。人们的主观创造力将会被放大，但每个用户都拥有自己的"个性"，无论是在现实世界中还是游戏世界中。同时，用户在游戏元宇宙中售卖的作品也是独一无二的，基于区块链技术建立的经济系统保障用户的确权归属与作品唯一性。

3. 现实性

有人可能会质疑，元宇宙游戏在重现心理奇观时，高度真实的场景和精美的画面是否会对大众，尤其是青少年群体产生误导，使其成瘾？毋庸置疑，元宇宙游戏中的多元化景观的确更加具有沉溺性和引诱性，元宇宙时代的游戏借助虚拟现实技术，难以避免地可能模糊游戏与现实的边界。

事实上，元宇宙一直以来存在的一个争议，即元宇宙是否会让人沉浸于虚拟世界中而无法自拔。一个行业在革新的同时总会有人发出警惕的呼声，这并非一件坏事，相反，这能够警醒游戏行业的设计人员恪守初心，充分考虑游戏迭代时产生的负面影响。

凡事皆有两面，游戏研发需要考虑到正向引导的问题，同时尽可能规避负面影响。因此元宇宙游戏不仅采用了 VR 技术，同时还侧重加强了在 AR 技术方面的使用，基于 AR 技术的游戏世界是建立在现实世界上的。从这一点来说，元宇宙游戏可以有效规避人们沉溺虚拟世界无法回归现实的问题。到了元宇宙时代，游戏产品将跟随元宇宙技术的特性而具备新的特点，从而使游戏产品的设计模式也和传统游戏大不相同，而这势必是一段极富挑战性的创新过程。

7.1.3　反馈机制

1. 反馈机制的重要性

游戏产业发展到了元宇宙时代，游戏中可糅合发展的产业和元素将不断增多，整个游戏生态也将发生很大的变化。面对庞大的信息量、丰富的资源库，游戏元宇宙世界中可以考虑构建反馈机制。利用反馈机制进行数据和资源的获取、整合、分析、价值评估、资源调配等，可以不断优化游戏环境，促进游戏生态不断进化发展。

游戏的反馈机制对于游戏来说非常重要，通过反馈机制游戏平台可以收集游戏用户们对于游戏的真实想法，其中包括对于游戏的期望，也包含对于游戏某些不完善之处的批评和建议。在传统游戏中，游戏产品反馈机制的建立还不是十分成熟，意见反馈通道闭塞狭窄，对用户意见的积极反馈还有很大的发展空间。

2. 如何建立反馈机制

到了游戏元宇宙时代，反馈机制应该有更进一步的发展，那么游戏反馈机制的建立应当着眼于如下三部分内容。

首先，可以联合游戏元宇宙中的 UGC 社区进行游戏用户信息反馈的收集。未来，UGC 社区将是游戏元宇宙中重要的板块之一，且游戏元宇宙作为一个更为开放的世界，将最大程度上尊重用户的创作自由和言论自由。因此在 UGC 社区，游戏用户将拥有更高的热情和积极性。因此，游戏反馈机制的建立可以联合UGC 社区，通过联结 UGC 社区的交互通道、创作通道以及用户内部自发组成的创作联盟和游戏联盟等，游戏发行方能够对用户的反馈信息进行多方位的收集，最终形成 UGC 用户社区板块的数据。

其次，联结游戏元宇宙的云数据库建立反馈机制。在元宇宙游戏中，人们的行动比传统游戏更加自如，玩家们穿梭于游戏世界的各个版图而不受限制。而玩家到达地点的位置信息、开展的活动信息，这些数据会同步传输到云，元宇宙游戏将依靠强大的算力对这些数据进行实时的收集和分析。基于游戏元宇宙的云数据库挖掘梳理出的反馈信息，使游戏发行方能够即时了解游戏世界中玩家青睐的热门地点、流行活动，以及玩家热衷的互动方式等资料，方便游戏发行方对玩家在游戏中的兴趣爱好进行精准分析，这也有利于健全游戏元宇宙的反馈机制。

最后，反馈机制需要成立专门的反馈通道。这个反馈通道与元宇宙游戏中的 UGC 社区最大的不同在于，这是一条专门服务于游戏用户的通道，可以对在游戏元宇宙中玩家们各个方面、各个维度的信息进行分析归纳，精准呈现整体数据分析结果和用户画像。同时，也可以专门分析处理游戏用户直接在反馈通道中的改进意见和创新想法。尊重游戏用户的同时，也能进一步提高反馈机制的便利性。

3. 分级管理的反馈机制

反馈机制作为游戏元宇宙世界的一部分，可以进行信息分级分层管理，进一步提升反馈机制的运作效率和分析的准确性。元宇宙游戏中可以设置一个用户分数统计成长系统，将玩家在元宇宙中的行动联系起来，玩家通过在不同的板块中进行游戏，可以根据游戏的规定和标准得分或获得奖励。这个用户分数统计成长系统可以通过分数直观地展示每个用户在游戏中的参与程度。与此同时，反馈机制中可以设置用户等级板块。例如，用户的参与情况、互动情况、创作情况等。根据用户游戏参与程度分配不同的意见采用权重，此举本意是为避免游戏反馈通道中的部分用户在游戏中的参与程度不高，对游戏不是特别了解，从而对游戏的评价和反馈存在一定程度的偏差。同时，用户等级板块的设置应伴随着信息价值高低判断板块，使其能够对反馈信息进行精准的价值判断。反馈机制可以通过对等级的分类和筛选，判断信息是低价值信息，中等价值信息，还是高价值信息。选择性地采纳用户建议能够更高效精准地推动游戏的机制完善和内容拓展。因此，游戏元宇宙中的反馈机制设立用户等级板块是科学有效的。

具体可以将用户分为以下 6 个等级（如表 7-1 所示）。

1 级用户。这部分用户在用户分数统计成长系统里的分数较低，说明他们对游戏的参与程度不高，只是低频次尝试或者是新用户还未对游戏有比较深层次的了解。那么这部分用户反馈信息的参考价值也会相对较低。

2 级用户。这部分用户可以分为两种情况。一种是非新用户，对游戏元宇宙世界已经有了初步的了解，但是参与程度仍然不高；另一种虽然是新用户，但对游戏元宇宙也有一定的了解，并且后续仍然存在参与游戏的主动性和热情。而后者是游戏的潜在粉丝，有很大的成长空间。因此，这部分用户的反馈信息和信息价值应该予以重视。

3 级用户。用户的等级越高意味着用户反馈信息的价值越高，越可能被游戏运营方重视，被采纳的可能性也越高。3 级用户相较于前两级用户在游戏中的参与度自然更高了，该等级玩家会主动了解游戏世界中的细分玩法，探索新颖的游玩机制，也初步和游戏中的其他玩家或虚拟人物建立了联系。

4 级用户。该等级的游戏用户对游戏世界的玩法整体上较为了解，并且愿意参与游戏的各个板块，获取奖励和分数。他们主观上存在增强自己在游戏世界中用户等级的意愿，因此会积极主动地参与游戏的活动或比赛。总体而言，这部分游戏玩家由于参与程度比较高，参与的主动性也比较强，对游戏更加了解。因此他们对游戏提出建设性意见的概率比前三等级的用户更大，属于中等价值型信息。

5 级用户。该等级的用户在游戏世界的参与程度很高，对于游戏元宇宙的世界观也非常了解，尤其是游戏中的所有玩法规则基本能全盘掌握。此外，他们深度参与游戏元宇宙中发布的各类活动任务，积极联合其他玩家建立战队，组织成员参与竞赛，高频度与游戏虚拟人互动交流等。因此，5 级用户群体的反馈意见非常宝贵，他们对游戏的参与程度之高说明他们对游戏的支持与热爱，他们更希望游戏能够继续健康发展。对于这些反馈意见，游戏平台应进行详细精准的分析、归纳，并给出及时的回应。

6 级用户。这是用户等级板块中的最高等级，该等级的用户对游戏的参与程度非常之高，并且对于游戏的背景、文化、发展，以及其中的玩法谙熟于心。他们对于游戏元宇宙中各个板块的优缺点也都能给出较为客观中肯，甚至媲美专业人士的意见和建议。他们往往是游戏产品的重度爱好者，非常热爱游戏，并且在经年累月的游戏参与中，对游戏形成了较为深厚的情感。因此，这部分用户的反馈信息是非常有价值的，应该予以高度重视。

表 7-1　游戏元宇宙反馈机制用户等级表

用户等级	用户参与情况	反馈信息价值等级
1 级用户	参与度很低，对游戏元宇宙世界不甚了解	低
2 级用户	参与度低，用户分为两种情况：非新用户和新用户。非新用户对参与游戏的积极性较弱；部分新用户由于刚加入游戏元宇宙世界还未有足够时间进行了解，但抱有积极性	较低
3 级用户	参与度较高，用户有参与游戏的主动性和积极性，并有意愿对游戏提出自己的反馈意见	中等
4 级用户	参与度较高，用户进入游戏的频次和时间有所增加，愿意主动参与游戏中各个板块的活动和互动	较高
5 级用户	参与度很高，对于游戏的世界观、游戏的玩法很熟悉，他们热爱游戏，希望游戏世界能建设得更好，因此也更愿意提出中肯的反馈意见	高
6 级用户	参与度非常高，对游戏元宇宙的世界观、文化、背景、玩法、游戏设计等非常了解，属于游戏重度爱好者，他们的反馈意见非常宝贵，往往包含很多建设性意见，甚至能够媲美专业人士	最高

因此，游戏元宇宙中反馈机制的建立应根据元宇宙时代游戏模式的变化而做出相应改变，针对元宇宙时期游戏世界产生的新数据类型进行收集、整合、分析并建立专门的用户等级评估板块和反馈信息价值评估板块。依托大数据技术，对游戏世界中各个等级的玩家进行全面分析，从而构建一个更加完善、运行效率更加高效的反馈机制。

4. 反馈机制促进游戏生态进化

游戏生态是一个庞杂的系统，它并不直接等于产业链，而是包含众多与游戏产业本身相关的其他产业因素。例如，交易支付系统以及游戏元宇宙中涉及的和其他产业联动的部分，如电影、电视、小说、动漫等。当前，游戏联动的产业范围正在不断扩大，涉及与众多知名品牌的联动。2021 年，网易旗下游戏《荒野行动》就举办了一场与航空航天有关的线下活动。主办方邀请众多游戏玩家齐心协力搭建飞机、火箭模型，在搭建的过程中既能让玩家体验到乐趣，又能使他们了解更多航空航天方面的知识，激发他们对我国航空航天事业的热情。

　　游戏元宇宙要开拓一个开放的、自由的、创造性强的世界，因此游戏生态十分关键。游戏生态关系到用户在游戏世界中的体验感。同时，未来的游戏用户在游戏元宇宙世界中将担任重要的创造性角色，因此用户参与游戏建设对于游戏生态的发展非常重要。这就需要反馈机制发挥作用，游戏中的反馈机制不仅能够帮助收集分析用户在游戏世界中的行为和喜好信息，也能基于这些数据信息推动游戏生态进化。

　　前面提到，游戏中的反馈机制几乎涵盖游戏各个方面的数据信息。此外，反馈机制中收到的多数反馈信息也能帮助平台了解用户的真实感受，从而建设更符合广大游戏用户喜好的游戏。最后，游戏反馈机制能帮助游戏平台挖掘潜在的可合作对象以及可联动的周边产业。总而言之，基于数据分析的反馈机制，在一定程度上能够促进游戏生态的进化。

7.1.4　虚拟数字人

　　虚拟数字人可以通过卡通建模结合语音合成、动态三维重建或 CG 结合动作捕捉 3 种不同的技术手段来实现，虚拟数字人模型的演进可大致分为 3 个阶段。

　　1. 手工绘制阶段

　　1982 年日本动画《超时空要塞》中的女主林明美是世界上第一位虚拟歌姬。当时的技术相对不成熟，语音、表情、肢体的仿真程度低，与真人形象悬殊。这类虚拟数字人制作效率低，主要以二次元人物为主，是通过卡通建模结合语音合成生成的，属于技术萌芽期。

　　2. 真人驱动阶段

　　2007 年 8 月 31 日，日本制作了全球首个被广泛认可的虚拟数字人——初音未来，其利用的就是 CG 技术合成。此技术目前主要应用在影视娱乐行业，通过摄像机与动作捕捉设备采集并处理真人演员的动作与表情，经过计算机处理后赋予虚拟数字人。

　　3. AI 驱动阶段

　　2015 年 5 月 9 日，著名歌手邓丽君逝世二十周年，由虚拟邓丽君与费玉清隔空对唱经典名曲《你这么说》引起了巨大的反响。这种虚拟数字人是由计算机虚拟合成的、高度逼真的三维动画人物，输入新闻文本，即可进行实时播报。虚拟数字人的发音、唇形、面部表情等与真人能够吻合。通过情感算法技术，虚拟数字人能实现与人类高质量情感互动。

通过计算机和 AI 算法，"虚拟人"在游戏元宇宙中可以扮演重要的角色。

7.1.5　用户成长系统

元宇宙是一个庞大冗杂的世界，游戏元宇宙平台不会"暂停"或"结束"，而是以开源的方式不间断、无限期地持续运行下去。游戏世界里的万物也会不断发展更迭，永无休止。玩家在元宇宙世界中将得到四大拓展：生存空间拓展、视角维度拓展、感官体验拓展和思想实践拓展。元宇宙的这种"延展"特性为游戏元宇宙的设计者们提供了新的思路，用户成长系统应运而生。基于元宇宙延展性特点的用户成长系统，将体现出以下几方面的优势。

第一，激发用户积极性，利于用户留存。用户参与游戏，通过自己的努力在游戏世界中积累经验，获得奖励并得到更高的分数。游戏成长系统会记录用户在游戏世界里的成就，保存用户的成长经历，形成一份虚拟的履历表。与现实世界一样，为了得到更好的履历，用户也将抱有更高的热情参与游戏，不断探索游戏世界的奥秘。

第二，扩大受众范围，吸引新用户加入。在成长系统中，用户为加速等级提升获得成长奖励，会在各大游戏社区、网络平台上发帖寻找志同道合的朋友一起参与游戏，并肩作战。正向的社交成长激励，将使得用户在游戏内外"交朋友"更有目标和动力。用户将主动吸引新的用户加入，间接扩大受众群体，不仅可以让用户体验社交互动的成就感和满足感，更能够使玩家与游戏世界"共同成长"。

第三，保障用户利益，促进游戏平台经济发展。相较于传统游戏，在游戏元宇宙中用户自身作品的著作权将得到更进一步的保障，乃至达到对创作内容版权的永续。传统游戏用于交易的商品很可能因为游戏活动停止或者游戏关服而永久失效，但如果某用户在游戏元宇宙世界中创作了一幅画，他便可以用这幅画进行售卖。由于游戏世界是永远持续下去的，因此每当有人购买一次这幅画，作者都能分得一部分版权收益，这是传统游戏所不能实现的。在这种情况下，能够通过用户成长系统鼓励用户进行创作，令用户获得更多经济收益，并最大程度保障用户利益，促使游戏平台经济繁荣发展。

因此，基于元宇宙拓展性搭建的游戏元宇宙用户成长系统能够帮助游戏平台广揽受众，能够有效将潜在受众转化为真实用户。同时，能够保障广大用户的利益，提升他们的创造力和想象力，创作更多更优秀的作品，使游戏平台的用户群体和经济都不断发展壮大起来。

7.2　游戏元宇宙运营观念

7.2.1　运营的含义

运营实际上是一种通过对目前任务进行计划、控制和实施完成相应目标的管理工作。良好的运营甚至可以达成超过预期的任务目标。就运营方式而言，不同的行业不尽相同。虽说运营一定程度上有模板可以参考，但具体情况要具体分析。不同业务，尤其是不同行业的业务，其各自的底层逻辑不同，运营管理的模式也有所不同。但不管什么行业，运营在本质上是帮助用户与自己的产品建立某种关系，并且要促使两者的关系维持良性循环，通俗来讲是维持用户和产品关系稳定的一种控制手段。

具体而言，传统制造业以实体为主，实体是提供价值的部分，其中也包含服务。同时，某产品的效益和生产、制造、运输等环节息息相关。因此，要想收益最大化，必须考虑这些环节影响产出的程度，这就涉及生产产品的流水线如何去组织的问题。例如，如何组织管理物流和供应链，如何组织每个环节的人员和时间，如何安排价值取舍，如何维护好一整套流程等都是运营所应该发挥的作用。打个比方，运营就像一位媒婆，当某部分群体有需求时，媒婆不仅起到一个中介的作用把两个人联系起来，还会通过"要求"匹配符合程度最佳的人员。而运营就是根据需求寻求并匹配用户的过程，使双方达成共识便是运营所想得到的结果。

随着技术的发展，社会已经进入了互联网时代，如今的运营方式更加直白，互联网世界中的很多产品并没有实体，属于虚拟商品，不再需要像传统制造业那般组织线下物流，更多的是在各种终端平台上为用户提供服务。

7.2.2　互联网运营及核心流程

了解运营，前提是要明白运营的作用。传统制造业运营与互联网行业运营，虽说同为"运营"，但是意义却大不相同。

传统制造业的运营更侧重于对整体的把握、组织和管理，而不是一种干预和控制的手段。互联网行业的运营分类更加多元化，如产品运营、用户运营、话题运营、活动运营等。此外，转化率是互联网运营追求的目标之一，转化率的高低代表运营活动覆盖的用户范围内有多少转化量，而转化量则表示被评估的目标受众选择是否准确或运营方式是否适合。因此，转化率的高低是互联网运营成果的重要指标。而为了确定运营能否带来良好的转化率，还需要进一步连接产品和用户。

每种运营类型还分成了各个阶段，例如，当运营的产品收获了一定的用户基础时，如何固定这部分转化而来的用户以及继续扩大产品或者品牌影响力，就需要制定更进一步的运营策略。策略的制定要符合该阶段用户与产品之间的关系，具体表现为要收集用户的需求信息，借助大数据反馈，促使产品继续迭代和优化，帮助用户提高对于产品使用的期待值以及强化实际使用感受。

新媒体时代，互联网平台做好运营的基本原则是平台维护、矩阵构建、更新迭代，其核心流程是：获取→激活→留存→变现→推荐。

7.2.3　运营与游戏的关系

由于游戏中必然包含各种各样的游戏活动，而每一个活动都有明确的目的指向性，为了达成目的就需要运营来支持。因此，游戏也需要专门的运营板块。

一般而言，游戏活动目的分为产品补充、奖励机制、充值、交互分享等几类。其中，产品补充就需要运营板块对用户进行联系、分析并得出可靠结果，以此为据为当前产品进行补充。例如，增设新活动、新玩法、新主题等，使游戏具备更多乐趣和玩法选择，为游戏源源不断注入活力，增加游戏吸引力，循序渐进促使用户留存和新用户转化，而不是直接刺激用户充值消费。奖励机制是较为简单的运营方式，设置奖励规则可以直接作用到玩家。而充值和奖励机制有相似之处，通常是以附赠奖品或充值大礼包的优惠方式出现，通过设置不同层级的奖励使用户获得具有针对性的独特体验。至于交互与分享，二者是可以联动的，例如，《和平精英》在情人节当天推出情侣模式，游戏中玩家之间可以互相送花，也可以双人结伴感受和体验游戏中的浪漫花海。在这种交互模式下，也能刺激用户分享游戏，扩散传播，吸引更多的玩家进入游戏。

7.2.4　游戏运营理念的发展历程

1. 国外游戏市场

1）电子游戏发展初期

20 世纪 50 年代到 60 年代是电子游戏的萌芽时期，科学家们利用电子机器和计算机技术构建了简单的游戏系统。1961 年，一款鼻祖级的视频游戏——《太空大战》诞生了，它是由美国麻省理工学院的学生开发，为演示当时大型的PDP-1 计算机系统，这款游戏支持两人参加，在计算机构建的模拟器中模仿太空激战的场面。然而，在电子游戏发展早期，它还没有走入寻常百姓家，尚未形成市场，就更没有游戏产品运营这一概念。

2）个人计算机游戏逐渐流行

随着计算机技术进一步成熟，编程语言开始出现，到了 20 世纪 70 年代，当时设计游戏广泛采用的程序语言是 C 和 Basic。由于高级程序语言更容易使用的特点加上广域网的发明，游戏程序能够在较远的范围内进行传播。

彼时，在街机和家庭游戏机上流行的多为简单的射击类和动作类游戏。到了20 世纪 80 年代，新的挑战冲击了游戏行业。80 年代最初的一些游戏产品只是复制了之前的街机游戏，但街机游戏的受欢迎程度逐渐降低，而个人计算机游戏由于出版的费用相对较低，且个人计算机游戏更富有想象力、更加大胆和特立独行，逐渐受到用户欢迎。

3）运营手段初现

Activision 作为 Atari 风投和其他游戏机的第三方开发商，取得了巨大的成功，同时激发了其他第三方开发公司在 20 世纪 80 年代初的崛起。但到了 1983 年，据数据统计，至少有 100 多家公司正在为 Atari 开发游戏软件，过度的开发破坏了供求的平衡，将会导致销售过剩。根据 1982 年的估计，1983 年只有 10% 的游戏产生 75% 的销售额。除了供求关系被破坏，大量生产同质化产品外，游戏产品的质量也堪忧。虽然部分公司声称自己邀请了游戏设计专家和高级程序语言专家来制作高品质游戏，以此标榜自家产品质量的优秀，但实际上来看，这些噱头并不能真正挽救此时的游戏市场。用户对于游戏产品的信任度大大降低，游戏市场的繁荣度逐渐被大量的低劣游戏冲淡。

这种情况导致的后果是游戏产品积压了大量库存，为尽量保证成本，公司一般采用低价卖出的方式，这一行为会继续对游戏产品市场产生影响。消费者因为低廉的价格大量购入这些游戏，反而导致有着正常市场价格的高质量的游戏卖不出去，甚至出现积货。长此以往恶性循环，整个游戏市场运转效率萎靡。

总体来看，这个时期虽然游戏机市场行情比较低迷，但已经初步出现了竞争和市场波折的情况。这种情况的出现能够直接促使商家采取对策，例如，对外宣传聘请游戏方面的专家加入游戏设计，低价销售行为等都属于初期行业内探索游戏发展路径的一些尝试，也可看作游戏行业简单的运营操作。当然此时游戏的运营观念还比较直接，尚未涉及更深层次、更细致的运营方法。

2. 国内游戏市场

1）运营理念的发展

纵观国内游戏市场发展历程，相应的运营观念的发展大致可以分成以下几个阶段。

第一阶段：港台游戏公司开拓内地市场，国外一些游戏在国内风靡，共同推动了内地游戏行业的发展。彼时国内还未形成游戏产业，因此也就没办法形成主动探索游戏运营的观念。但整个 20 世纪 90 年代虽然是美国游戏发展的低迷期，却是中国游戏快速发展的阶段。FC（Family Computer）是日本游戏公司任天堂的主机，FC 游戏也称为红白机游戏，是第一代家用游戏机，一经推出便迅速在中国打开市场。另外，港台的多家游戏公司，如智冠、华彩软件、华义国际、游戏橘子等进入内地，由于对于内地市场还没有深入了解，依然套用港台化的管理模式，并发行了一些游戏产品。于是，我国内地游戏运营的理念便开始生根发芽，港台公司的运营模式为以后内地游戏运营观念的成熟做了铺垫。

第二阶段：由于港台游戏公司的入驻打开了游戏市场，内地游戏公司逐渐发展起来，并慢慢积累运营经验，运营观念也日渐成形。这个时期的游戏产品大多是从海外购买版权，游戏公司的主要业务板块也基本围绕着挖掘游戏产品，购买版权以及本土化改造后发行、销售等展开。由于当时的游戏行业从业者还没有足够的经验，也未形成主动开发游戏的理念，因此在游戏知识产权方面也没有形成足够多的保护措施。在这段时期，国内游戏行业出现了一个奇怪的状况，即盗版猖獗。直到 2000 年华彩软件发行了第一款 MMORPG 游戏《万王之王》，由此，国内的游戏运营才正式拉开序幕。

第三阶段：知识产权被重视，运营思路逐渐明朗。在这个阶段，游戏已经进入网络发展时代，互联网的普及给诸多游戏公司带来了发展机遇。与此同时，由于网络的发达，盗版更加容易传播，这种现象从某种程度上也给游戏开发商一次警醒，促使他们开始关注知识产权的问题。由此，游戏的知识产权逐渐被重视，盗版问题得到了有效改善。但仍然存在一个比较大的隐患，这个时期国内的很多游戏产品并不是游戏公司自己开发的，而只是在国外购买版权后在国内发行、运营。因此每当版权期约来临，就有公司对于游戏的所有权被收回。由于早先我国游戏公司大量购入国外版权，导致这段时期大批的公司和游戏消失。市场上游戏更新的速度非常之快，以至于玩家也开始关注到游戏行业运营商和开发商之间的授权争议。总的来说，当时各大游戏运营商很少有自主开发的产品，因此也总是面临着为他人在国内市场铺路的尴尬处境。

这种现象的持续必然会严重阻碍国内游戏行业的发展，因此各大游戏公司逐渐开始自主研发游戏产品，将主动权牢牢掌握在自己手中。金山旗下的西山居研发的《剑侠情缘》是内地首个展示中国古代武侠概念和图景的游戏，带有十足的中国特色。2001 年 9 月，盛大公司的网络游戏《传奇》完成公开测试，于同年 11 月正式发行上线，并直达软件销售排行榜榜首。网易也曾在 2001 年推出了自己的首款游戏《大话西游 Online》，它是内地第一款回合制游戏，直到现在这款游戏仍然存在，并且颇受一些玩家的青睐。从这些例子中可以看出，中国内地游戏行业的运营状况已经度过了疯狂购买版权的时期，开始进入理性思考，谋求适合自身发展路线的运营策略，并逐步完善自己运营理念的阶段。

第四阶段：进入多样化运营时期，运营理念完善成熟。随着技术的突飞猛进，各类游戏的推出接连不断，游戏产业的运营理念日趋成熟。并且随着游戏产业进入多样化管理态势，游戏运营也会根据不同的管理模式以及不同的游戏类型进行调整。游戏经过了朦胧发展以及慢慢摸索的时期，已经进入高投入高质量经营的状态。

2）运营理念成熟，游戏市场火热

根据《2021年中国游戏产业报告》数据，角色扮演类游戏、战术竞技类游戏、射击游戏占游戏总营收的一半以上，说明这三大类游戏的用户基础极其庞大，也表明了玩家的喜好以及市场对于游戏产品的供给疏密度。值得注意的是，随着新款主机硬件发售，自主研发产品陆续登录主机平台，使得主机游戏市场收入增幅显著。2021年国内主机游戏市场销售收入超25亿元，同比增长超22.34%。画质精美、玩法丰富、体验感强等特点，也使主机游戏有望成为未来国内游戏市场的又一增长点，如图7-2所示。

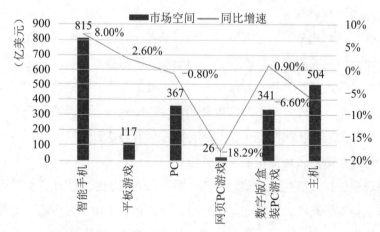

图 7-2 各客户端市场空间同比增速

（数据来源：伽马数据（CNG））

以电竞入亚、《英雄联盟》全球总决赛夺冠等事件为契机，电子竞技产业的社会影响持续扩大。2021年，国内电子竞技市场销售收入1401.81亿元，较

2020 年增收 36.24 亿元，同比增长 2.65%，增幅同比缩减 42%，增速有所放缓。用户规模 4.89 亿，同比增长 0.27%。

与过去中国市场大量引入国外游戏版权的局面不同，今天中国的游戏产品不断争取扩张海外，积极布局海内外市场。数据显示，2021 年中国游戏市场实际销售收入 2965.13 亿元，较 2020 年增收 178.26 亿元，同比增长 6.4%。其中自主研发游戏海外市场销售收入 180.13 亿美元，较 2020 年增收 25.63 亿美元，同比增长 16.59%。从海外市场数据能够看出，我国游戏产业不仅能够运营好国内的板块，还能兼顾海外运营，运营理念已处于成熟期。

中国是人口大国，网民规模十分庞大。截至 2021 年 6 月，我国网民规模突破 10 亿人，互联网普及率达 71.6%，较 2020 年网民人数增加了 0.22 亿人，互联网普及率比 2020 年增长了 1.20%。游戏市场中的青少年群体规模超过 2 亿，随着游戏制作水平不断提高，未来将吸引越来越多的青少年群体参与游戏中，如何保障青少年群体不沉溺于游戏，各大互联网公司和游戏平台相继推出了青少年防沉迷政策，限制青少年玩游戏的时长。这也是游戏运营进入成熟期的表现，游戏公司除了考虑游戏产品本身的质量外，也非常重视伦理道德方面的问题。

7.2.5　游戏元宇宙的运营理念差异

既然到了游戏元宇宙的布局时代，关于游戏的运营理念也应该跟随游戏模式变化而变化。元宇宙游戏强调虚实融合，因此游戏公司的运营理念应该考虑以下两方面。

第一，是在元宇宙世界能生产虚拟产物。以往游戏运营面临的一个巨大困境是想法足够新奇大胆，但是游戏形式并不支持或者说不能完全实现效果，因此用户游戏体验就不如想象中强烈。运营者在进行运营操作时也要考虑这些外界因素的影响，思考每个运营策略是否能够达到一定的宣传效果，产生一定的影响力。而到了游戏元宇宙时期，由于 AR 和 VR 技术的发展，游戏中能够最大程度实现大胆新奇的创意图景，运营者完全可以从虚实融合的角度进行考量，且 Z 时代网民对于新技术新模式的接受度高，运营者可以借用用户期待新体验的心理，管理宣传元宇宙游戏。在这方面，游戏元宇宙的运营理念是从新技术带来的新模式新体验的视角进行的。

第二，既然游戏元宇宙讲求虚实联动，那么元宇宙游戏应该面向现实。现实能够弥补游戏真实感缺失的遗憾，同时现实和虚拟世界的冲撞与融合更能带给玩家紧张刺激的感觉。在现实的基础上进行拓展，能最大程度调动用户想象力的参与，提升游戏的乐趣。因此较之以往的运营方法，游戏元宇宙的运营突出的一点是游戏元宇宙可以建立在现实世界的基础之上开拓用户的创造力，游戏元宇宙的运营观念可以凸显结合现实图景，而非以往游戏依赖于绝对虚构的情形。

7.3 游戏元宇宙运营策略

如今，几乎所有行业都需要制定和执行专门的运营策略才能把自己的产品或品牌推向市场，才能被更多人认识到，游戏元宇宙也不例外。

7.3.1 游戏元宇宙市场调研

游戏产品的运营离不开市场调研，市场调研就是通过系统的、目的性强的方法对游戏市场和游戏相关信息进行收集、整理、归纳、分析。在这个过程中，运营者关心的是用户对游戏产品的需求、加入游戏的动机，以及市场上同质产品的数量、定位、特色等各种信息，从而针对出现的问题提出解决办法，作为游戏产品运营的依据。

元宇宙时代的游戏产品也是如此，通过市场调研，游戏公司能够对影响游戏市场的多种因素进行判断，同时也可以预估游戏市场的走势，从而更有针对性地计划游戏产品的营销策略，发挥自身长处，在游戏元宇宙竞争如此激烈的市场环境中，不断提高自身的运营水平，使游戏产品获得良好的营收回报。

然而，当前游戏产品的运营正面临着一些难题。由于元宇宙概念的爆发，各大产业纷纷入局，游戏作为领头产业，发展势头最快，元宇宙游戏市场更是鱼龙混杂，运营者在收集信息时难度成倍提升。元宇宙游戏的运营不仅面临着信息爆炸的问题，还面临很多概念炒作问题，需要警惕舆论泡沫风险。因此游戏元宇宙产品的运营者需要对市场有更加精准且敏锐的判断力，在市场调研上必须能够从信息海洋中捞取有价值的、有帮助的内容。

1. 确定问题和市场调研目标

确定问题这个步骤看起来似乎很简单，但施行起来有可能遭遇非常大的困难。这是因为，在对游戏产品和市场进行调研的过程中，从意识到问题发生到确认问题是什么，出在了哪里可能需要花费大量时间。例如，一家元宇宙游戏企业由于自身对于游戏元宇宙的认识不清晰，错误地跟风网络热潮，掉入概念炒作的陷阱。而这家企业的主理人却认为是大众对元宇宙没有正确认知，从而导致自身产品在市场上没有竞争力。但经过一番调查，发现大众对于元宇宙有一定的了解，游戏产品的失败也不是因为产品没有竞争力，实际上是反思得不够全面彻底，没有确定问题的根本所在。

而确定问题之后，就要确立调研目标。游戏元宇宙市场调研计划涉及的调研目标可以分为两种：第一种，由于游戏元宇宙尚处于探索研究阶段，因此可以提出探索式调研目标，对当前调研计划提出假设；第二种，梳理游戏元宇宙的市场关系，确立调研目标的因果联系，后续展开相应的描述性的调研。

2. 制订调研计划

制订游戏元宇宙产品调研计划首先也是最重要的，即确定信息需求，它可以帮助游戏公司判断产品后续的运营方案，一般需要的信息包括以下几方面。

（1）游戏元宇宙产品的市场情况，元宇宙游戏的用户体量。

（2）用户选择元宇宙游戏的初衷。

（3）用户对新游戏产品的态度。

（4）游戏运营商对新游戏产品的态度。

（5）其他相关游戏企业对新产品的态度。

（6）预测新游戏产品的销量。

确定以上信息，能够帮助游戏公司预测新产品能够占据怎样的市场地位，能够吸收多少体量的用户，是否能够支持后续游戏的运营和再开发，以及预估新产品在游戏市场上所要面临的竞争局面，以做好应对方案。

其次，信息需求确定后，则要制定数据收集方案，确定游戏企业需要收集哪些数据。

最后，建立数据分析体系，完成数据的具体分析工作，得出结果。

表 7-2 展示了调研所需的游戏企业数据的收集计划。完成数据收集后的分析流程，是将收集的游戏市场和产品信息进行清洗，然后进行存储、计算，接着将数据可视化，再进行数据分析，最后进行数据决策。这样能够保证收集而来的游戏数据能够转化成关键维度指标，作为之后游戏运营活动策划等的依据。

表 7-2　游戏公司数据收集计划

项　　目	作　　用
元宇宙游戏市场实际销售收入	收集元宇宙游戏市场实际的营收数额，帮助判断实际市场规模，预估未来新产品推出的效果和营收情况
市场上的产品品类	调查收集市场上游戏元宇宙产品的类型主要是哪几种，每种类型的优势和劣势，对比自己产品的优势和劣势，明确新产品特色和以后的运营方向
不同游戏产品的受欢迎程度	收集市场上不同游戏产品在游戏用户中的受欢迎度，了解用户对于游戏类型的喜好和游戏产品特色的喜好
相关游戏设备购买情况	收集用户对于元宇宙游戏需要配备的设备的购买情况，判断用户实际的购买力和购买意愿
论坛、新媒体平台等媒体数据	收集用户在各大游戏论坛、新媒体平台发布的游戏元宇宙的相关数据信息，了解用户实际的愿望和需求

7.3.2　建立系统化运营体系

可以通过建立一套流程体系来运营游戏元宇宙，按照这个思路，必须明确指标的选取原则以及体系的构建方法。

游戏元宇宙运营中指标的选取原则需要满足三大特性：根本性、结构性、可理解性。根本性是指核心数据必须理解，且要准确把握；结构性即能够对游戏产品业务进行充分解读，例如，明确游戏产品新增用户数量，他们分别来自哪个渠道，每个渠道的新增转化率和新增用户价值等；可理解性指所有指标都要可解释、能理解。

构建游戏元宇宙运营体系的方法，可以分为以下几个步骤。

第一，明确游戏元宇宙运营的阶段和发展方向。一共可分为 4 个阶段。初期，对市场、用户等有初步了解。前期，开始关注游戏用户体量并围绕提升用户量对指标体系进行多个维度的拆解，例如，用户的来源渠道，来源平台名称，各个平台的用户转化率等。中期，仍然关注游戏用户体量情况，观察其走势，同时要优化目前的用户结构，查看用户留存的情况。后期，这一阶段是稳定发展期，主要关注收入指标，同时也要进行对市场份额和竞争产品的监控。

第二，明确游戏元宇宙运营的核心目标，应该更多地了解游戏市场和游戏巨头企业。游戏产品的定位不同，所要考虑运营的核心目标也不同。

第三，监控核心数据并进行维度拆解。某一维度的核心数据出现波动，必然会对整体产生影响，监控核心数据实质上需要对其各个维度进行监控。一般是对核心数据进行公式计算，再按照游戏业务路径进行拆解，这样就得到了各个维度的核心数据。例如，对进入游戏的用户拆解，可以得到登入渠道、渠道转化率、用户画像等。

7.3.3　游戏元宇宙产品运营

1. 产品定位分析

游戏元宇宙产品运营，首先必须进行产品定位分析，包括游戏预计占据的目标市场定位、产品需求定位、特殊价值定位、适合的营销策略定位等。

游戏产品将占据怎样的市场，尤其是在市场垂直细分化的今天，精准定位对于一款产品的投放效果起着至关重要的作用。明确细分市场和目标市场之间的关系，能有效帮助游戏产品进行市场评估预测，并进一步制定占据市场策略。尤其在现阶段，游戏元宇宙市场刚起步，许多领域处于雏形状态，运营者们更要谨慎选择目标市场，以免造成不必要的损失和资源浪费。另外，定位目标市场也是在考量从哪一细分市场投放产品效果更显著、效率更高或更能持续产生影响力，因此这一步骤对于游戏产品的推广来说起着决定性作用。

产品需求定位在游戏产品运营操作中也是至关重要的一环。产品需求定位的过程是了解哪些用户会选择这款游戏产品，又有怎样的诉求。在确定目标市场之后，产品定位就是继续对市场进行筛选的行为。从本质上来讲，元宇宙游戏进行产品需求定位时要根据用户玩家的需求价值来确定。进入元宇宙时代，玩家必然对游戏有了新的期待，例如，对外观、玩法设计、操作流程、生理感受、情感诉求等的需求，元宇宙游戏产品在进行产品推广运营时必须掌握足够的需求信息，从而形成一个比较准确的判定标准。

特殊价值定位是指游戏产品自身的不可取代性体现在哪里。进入游戏元宇宙阶段，游戏整体上与传统游戏有很大的差异，而在与其他元宇宙游戏的竞争当中，必须向广大游戏用户展现出自己的特点，这也是品牌差异化运营的关键。

营销策略定位指游戏产品需要制定合适的营销策略。尤其元宇宙游戏产品的形式与传统游戏大不相同，更需要前期进行充分的调查了解，进行充分的数据分析，制定适合元宇宙游戏产品推广的营销策略。

2. 受众分析

1）什么是目标受众

在受众分析之前，必须先了解什么是目标受众，游戏行业内游戏产品的目标受众有什么独特之处。目标受众，即目标客户群、目标顾客，指产品营销和宣传过程中主要针对的接受群体。明确目标受众对于游戏产品的投放有着至关重要的影响。

目标受众有两层含义，第一层指已被发现并明确喜好的客户群体，游戏企业的游戏产品只需要对接这一部分群体，向他们宣传游戏产品的风格、特色，属于"对号入座"；第二层含义是游戏企业针对游戏产品的特点运营宣传营销活动来挖掘可能喜欢此产品的用户群，提升对游戏产品或服务满意的消费者份额。

通常情况下，目标指产品即将面对并与之互动的市场，市场中的用户基本拥有相似的教育背景、共同的目标、类似的兴趣爱好、有同样的问题需要通过产品得到解决。他们直接关心的是所销售的产品或服务能不能满足自己的需求。

而游戏行业中的"目标"相对来说却更灵活，尤其是在元宇宙游戏时代，它们可能非常"善变"。游戏行业中的目标也是指一定的市场，也需要解决产品对标市场时所面临的问题，并且与市场存在更强更深层次的互动性。不同点在于游戏市场中的目标用户并不一定具备同等的教育水平，游戏玩家的年龄层分布非常广泛，从年轻群体到70后，甚至60后都有参与，如图7-3所示。

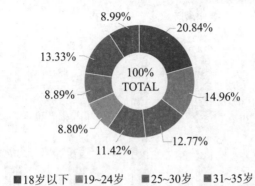

扫码看彩图

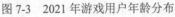

图 7-3　2021 年游戏用户年龄分布

（数据来源：伽马数据（CNG））

同时，由于年龄、性别、教育、生活背景的差异，游戏产品的用户也不一定会有共同的目标。他们或因休闲、娱乐，甚至是逃避现实等各种不同的原因选择参与游戏，而游戏则不像其他行业十分讲求产品的实用功能。

2）目标受众分析

那么元宇宙游戏产品究竟该如何找到目标受众呢？在回答这个问题之前，游戏企业必须清楚把握一个非常重要的因素——"用户画像"。很多人将"目标受众"和"用户画像"相混淆，事实上，"用户画像"是影响"目标受众"判定的因素之一，而确定一家游戏企业的目标受众所需要的数据有以下几种。

年龄。游戏元宇宙用户遍布全年龄段，如图 7-4 所示。20 ～ 39 岁用户是游戏元宇宙的"主力军"。根据 TGI 数值对比，20 ～ 29 岁用户人数占比略低，但参与度更高。不同年龄段的用户对于游戏产品的需求是不一样的，例如，老年人通常不会选择过程太激烈的游戏；而年轻人则更喜欢体感刺激、题材新颖的游戏产品。

性别。游戏元宇宙用户性别分布差异较大，如图 7-5 所示。目前看来，男性用户所占比例较高，且 TGI 数值表明更多的男性用户乐于参与游戏元宇宙的体验。同时调查显示，男性和女性对于游戏产品的需求方式和需求类型大有不同，男性对于大型竞技类游戏非常感兴趣；女性则更喜欢能够变装、道具丰富、操作易掌控的游戏。因此，他（她）们在选择元宇宙游戏产品时也会倾向于相应的游戏类型。

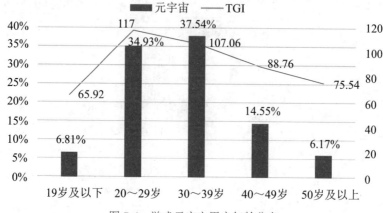

图 7-4　游戏元宇宙用户年龄分布

（数据来源：伽马数据（CNG））

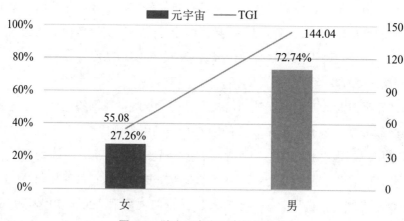

图 7-5　游戏元宇宙玩家性别分布

（数据来源：伽马数据（CNG））

教育背景。教育背景也是影响用户选择游戏的一个因素。在未来，元宇宙游戏将会设置很多不同的世界观，与不同世界观相匹配的用户的教育背景会有所差异。

社会阶层。不同的社会阶层对游戏的诉求是不同的。例如，压力较大的工薪阶层选择游戏的原因可能是释放压力，在游戏中获得暂时的休息和精神上的愉悦。

购买能力。不同人群对于游戏中的道具、服装等物品的购买能力不同。

所处城市。一线、二线、三线等不同级别城市的用户对于游戏产品的选择也有所不同。

消费习惯。目标受众的消费习惯是怎样的，对游戏持有怎样的态度，他们对游戏已有的态度会影响他们如何选择游戏产品。

用户画像。具体来说，用户画像相当于对游戏用户的侧写，带有一定的虚构性，但是仍然具备真实游戏用户的特点。用户画像是专门针对目标受众的研究而提出的，能够辅助游戏企业开展产品营销活动。

3）游戏元宇宙的用户画像分析

用户画像不是实际用户群体，但是能够提供对游戏产品感兴趣的人的特点。特别是在游戏元宇宙发展伊始，用户画像能够帮助游戏元宇宙企业更了解新时期游戏用户的喜恶，从而帮助推广游戏、改进游戏，提高用户转化率并留住他们。

元宇宙时期，关于游戏产品的用户画像涉及的信息会更加全面、更加细致。它可以包括用户特征、购买力、创作力、兴趣爱好、社交网络、职业等。

用户特征。元宇宙游戏产品的用户画像，不仅可以通过现实世界中真实用户的特征构建，也可以通过用户在元宇宙游戏中的虚拟身份的特征来进一步确定。通常情况下，用户会将自己内心的想象或理想投射到虚拟身份上，因此，对于元宇宙游戏中用户虚拟身份特征的收集可以帮助游戏开发者更好地洞察用户内心真实的想法和好恶。

购买力。游戏元宇宙中用户的购买力和传统游戏大不相同，主要体现在游戏元宇宙中用户不仅可以购买官方活动产品，还能购买其他玩家的虚拟物品。因此了解游戏用户购买力能够帮助刻画游戏元宇宙用户画像。

创作力。游戏元宇宙世界会给予玩家很高的自由度，包括参与元宇宙世界的构建以及产出内容，这将大大激发游戏玩家的创造欲，了解玩家的创造力信息也有助于完善用户画像。

兴趣爱好。元宇宙游戏可实现的游戏世界场景极具多元性特征，相当多的世界图景可供用户选择，因此掌握他们的兴趣分布和兴趣倾向非常关键。

社交网络。相较于传统游戏，元宇宙游戏世界中的社交更具真实感、现实感特征，用户能够利用数字身份在游戏中结识新朋友。而收集游戏用户在不同板块和其他用户进行交互的信息，可以帮助游戏运营者具体了解用户在游戏世界经常活跃的区域，帮助形成更完整的用户画像。

职业。了解用户在现实中的职业，能够知晓现实生活中用户的职业分布情况与他们热衷的游戏品类之间的关系，有助于产品进行精准投放。

总的来说，用户画像的形成涉及的因素非常之多，且相较于目标受众的其他影响因素来看，用户画像对于目标受众判定的影响是比较大的，因此对产品推广的影响也相对明显。

4）游戏元宇宙目标受众界定

界定元宇宙游戏目标受众，可以从以下6个问题进行考量。

（1）这些人是谁？

元宇宙游戏企业在定义目标受众时，要对自己的游戏产品持有辩证的态度，既要认同自己的品牌，也要考虑产品中存在的缺陷和漏洞以及会给用户带来什么程度的影响。尤其是元宇宙游戏刚处于起步阶段，存在的问题需要游戏开发商进一步解决，同时也需要游戏运营者思考如何引导大众的态度。

运营者可以通过在社交平台上开设话题，发布游戏产品消息进行"试水"，可以查看关注新游戏产品的人数、话题参与人数、点赞和评论人数、持正向情感态度的评论人数、持负面情感态度的评论人数、转发的人数等。其中参与点赞、转发、持有正向态度的人很有可能成为真实的用户，是运营者需要找到的目标受众。

（2）他们的诉求是什么？

相较于传统游戏，游戏元宇宙更加自由和开放，更加尊重游戏用户，因此运营者也需要相应改变心态，将自己置于用户的位置，体会用户的需求、问题以及他们的愿望，而非单纯根据自己的想法为用户提供产品。应根据前期所做的调研数据，如用户画像进行分析，深入挖掘用户消费心理以及行为动机，充分了解用户的痛点，最后做出决定。

（3）他们如何获得所需的信息？

在各产业都逐渐进入元宇宙时代的过程中，人们浏览信息的平台和习惯很有可能被重塑，运营者需要重新了解用户在哪里浏览他们想要的信息。因此运营者应找到最适合的与目标受众交流的渠道，并尝试使用元宇宙相关术语与他们交流，促使他们进一步了解元宇宙世界，同时也能进一步确定自己的目标受众。

（4）自身产品有什么优点？

目前，市场上有大量的元宇宙游戏产品，质量良莠不齐，如何在众多产品中脱颖而出，让目标用户关注到？解决这个问题，运营者需要考虑自己的游戏产品与目标受众之间的关系，能为他们带来怎样的好处，是否能够解决或有效规避目前市场上元宇宙游戏存在的缺陷。当自身的产品优点能够凸显出来的时候，既能够找到自身在市场中的竞争优势，目标受众也会逐渐清晰。

（5）他们不想要什么？

考虑了目标受众最渴望的内容后，也要考虑他们拒绝和反感的东西。在游戏元宇宙中，拥有非常丰富多彩的世界图景和多元化的世界观，而在构建这些世界观时，应考虑到观众排斥的元素。

（6）如何构建信任关系？

鲜少会有人参与自身完全不了解、不信任的游戏中，就更不会购买游戏中的产品和服务了。对目标受众来说，信任就是一切。而信任在游戏元宇宙世界中尤为重要，未来游戏开发者也将不断利用去中心化等技术搭建游戏中的信任机制。

这是定义目标受众应关注的最后一个问题，也是最重要的一点。只有构建起信任关系，才能持续刺激用户不断参与游戏，使元宇宙游戏产品成功变现。

3. 游戏元宇宙售后服务

游戏元宇宙具有拟真性与拓展性，这就代表着游戏世界可以像现实生活一样永远持续地发展下去。同时，游戏元宇宙还具有高沉浸、强社交的性质，用户可以在游戏世界中随时随地进行交互，真实感十足。

正是因为这些特性的存在，使得游戏元宇宙的售后服务系统也变得与众不同。游戏元宇宙世界中可以建立一套由云上系统提供服务，能够对数据进行实时调取、传输、处理的体系，并在服务板块设置专属"答疑"虚拟人，和玩家们实现真实的、实时的交互。

随着元宇宙技术的不断发展，未来游戏元宇宙的售后服务也将不断精细分成若干板块。针对玩家在游戏世界中遇到的各种难题进行"答疑"，给出解决方案，从而使这个开放多元的世界健康稳定地运转下去。

7.3.4　游戏元宇宙周边产品运营

1. 游戏周边产品开发

随着游戏产业不断升级，为了在游戏市场占据一席之地，游戏企业也在尝试各种各样的创意，试图吸引用户以及潜在用户的注意，最常见的方式便是不断开发新的产品，其中不仅有游戏产品，还包括游戏周边产品。

游戏周边产品事实上属于一种 IP 商品，借助游戏本身的知名度和在大众中的受欢迎程度来拓展市场。优秀的周边产品开发方案往往能够直接推动游戏产品的销售，而当游戏产品广为人知时，又会有越来越多的人来购买游戏的周边产品。两者互相促进，形成一种良性循环。

也许有人会疑惑，为什么要赋能周边产品推广游戏产品，而不直接针对新游戏进行点对点的宣传呢？诚然，必须要针对游戏本身的特色、功能性、趣味性等因素，且考虑受众圈层的特征，对用户进行精准投放，是推广游戏产品最直观的方法。但这种针对游戏产品本身，比较具象的、具体的营销有一个缺陷，就是常常会忽略潜在用户的发掘，而潜在用户可能是一个非常庞大的群体。因此，如果游戏企业想要吸引更多的人关注并将其转化为自身用户，开发周边产品自然成为一条非常高效的渠道。

2. 传统游戏周边产品开发的问题

当提到周边产品开发时，不得不面对的是知识产权保护的问题。在游戏发展的早期，人们对知识产权的认知并不深入，许多不法分子趁机仿制原创作品牟取暴利，造成侵权行为。游戏周边产品市场混乱不堪，假货横行，用户难以辨别产品真伪，导致游戏企业口碑下滑，造成不良影响。不少用户则更倾向于购买价格更加低廉的仿冒品，造成游戏企业生产的产品滞销亏损。

当前，关于游戏周边产品侵权的行为主要体现在设计侵权和特殊侵权。设计侵权主要涉及未经授权使用已注册商标的厂商生产的周边产品的形象，如玩偶、手办等。还有稍加改动便标榜是自己产品的"模仿"行为亦涉及侵权。

特殊侵权目前一般指虚拟财产侵权，主要包括线上的虚拟周边产品，例如，游戏皮肤、虚拟人物、虚拟灵兽等。鉴于游戏虚拟财产的特殊性，目前还未形成完善的规则，玩家权益难以得到有效保障。假冒伪劣的虚拟产品，可能导致玩家们收藏的游戏虚拟衍生品贬值，降低玩家的游戏体验，甚至侵犯玩家的虚拟财产权益。

但是进入到元宇宙时代，元宇宙技术可以最大程度上消除这种仿冒抄袭的不良之风。基于区块链技术建立虚拟周边产品体系，可以防止假冒伪劣产品的出现。区块链技术可以帮助追踪这些虚拟衍生品在线上的转移路径，能够提供特定的虚拟人物的数字信息，这能在一定程度上解决以往游戏周边产品所涉及的知识产权问题。并且采用虚拟周边产品的做法也将大大降低成本，提高游戏企业的利润。

3. 周边产品开发助力游戏元宇宙发展

游戏发展到元宇宙时代，其运营方式呈现出多样化发展趋势，游戏周边产品开发的运营和推广也有被深入挖掘的巨大潜力。以影视作品为例，天马行空、令人眼花缭乱的特效技术辅以 4K、8K 级别的成像技术，使影视作品的表现力越来越强。观众也能沉浸到酷炫、精致的画面中。同时，当今的游戏形态也随着技术的发展在不断演化，能够实现精美的画面流动和奇妙的创意展现。因此，游戏，尤其是已经迈入元宇宙的游戏更能够展现出类似影视作品中的大场面和经典情节，并且可以借助技术将游戏和电影真正融合到一起，而不仅仅是剧情内容的简单叠加。这样的做法，一方面，由于影视作品的剧情千变万化，与游戏结合，能充实游戏产品讲故事的能力，从而提供给游戏用户千变万化的内容体验，解决长期在单一的游戏设定中容易枯燥的问题；另一方面，由于影视作品这种特殊的媒体形式本身就具有相当巨大的粉丝基础，与游戏结合，能够拉动游戏潜在用户的转化率，当然也会有不少游戏粉丝"翻墙"到影视作品，这无疑会得到双赢的结果。

由于游戏元宇宙仍处于发展初期，目前还没有典型的以元宇宙游戏为基础开发周边的实例，尚且以将游戏与电影结合开发周边的环球影城为例。环球影城设计了与电影相关的各种元宇宙游戏，便是借电影之势，吸引大批粉丝到环球影城进行元宇宙游戏的体验。电影原本的口碑带来了巨大的流量，而园区中以电影情节为设定的元宇宙游戏，一方面满足了观众对复现电影场景的期望；另一方面也满足了粉丝体验电影场景的欲望。

在游玩元宇宙游戏过程中切实体验电影中的剧情和人物的心路历程，更加深了粉丝对环球电影与游戏的喜爱，导致更多的人在电影或游戏中出现的人或物衍生的周边产品上进行消费。这些周边产品有主题服饰、仿真玩具、挂件佩饰等，甚至还包含主题餐厅。总之，周边产品最大程度上满足了用户的收集欲望和对环球IP的喜爱，从而达到固定用户的效果。并且一些用户也会在社交平台分享自己的游玩体会，从而吸引更多的人去实地体验并购买心仪的商品。

而随着VR、AR、算力等技术的发展，环球电影公司基于环球影城这种级别的大IP甚至可以开辟自己的线上元宇宙游戏产业板块。这样不但可以让用户沉浸式体验电影展现的世界观，还能在元宇宙世界的玩法中获得灵感和乐趣，让电影观众转化为游戏的忠实粉丝。在游戏中体验电影情景或在电影中深度挖掘游戏的世界观，逐渐让用户形成一种对IP的情怀。而后，势必有一部分用户会成为电影与游戏周边产品的消费者，从而促进周边产品的价值成长。当然，这样的经验在未来的元宇宙游戏产业中同样适用。

4. 如何构建游戏元宇宙IP体系

IP文化对品牌推广的作用不言而喻，尤其是在文化和娱乐领域。因此，很多游戏企业在开发游戏产品时，通常也会布局未来的相关产品以发展成IP体系，从而扩大游戏在大众中的辐射范围。

要构建IP体系首先需要明确什么是IP，IP在游戏中有什么价值。IP（Intellectual Property）意为知识产权，其在流行文化产业中可以理解为可进行多层面、多维度、多领域开发的品牌文化。IP在游戏中的价值体现在IP内容上，IP内容能够连接用户与游戏商业链，IP内容的产出流程大致呈现一个循环过程，这在元宇宙游戏中亦可适用，即游戏内容制作完成后，需要通过线上和线下各种渠道将其推广出去，到达用户，引起用户关注，从而占据一定的市场。

在这个过程中，内容必须打动用户，使用户对游戏产品产生情感共鸣，游戏元宇宙在这方面更具优势。而后便能引发UGC衍生内容的创作，并且用户会主动进行传播。在UGC产出和主动传播的过程中，用户自然会加深对于元宇宙游戏的记忆烙印，从而影响更多人主动搜索游戏，了解游戏，产生消费冲动，逐渐融入游戏圈层之中。而融入的部分用户会继续生产UGC衍生内容，游戏行业内将这种模式称作内容联合共创模式。

除了UGC内容创作者，还有一批用户会自发成为IP内容的传播中介，在传播过程中不断加深对于 IP 游戏的认识，并不断增强对于 IP 的关注度。这种模式在传播过程中也会影响到接收者，使更多的用户被影响从而开始新一轮模式的循环，用户群体就是在这个循环过程中不断发展壮大的。这个不断增值的过程就是 IP 在游戏中的价值体现。

那么元宇宙时代 IP 的类型有哪些呢？游戏 IP 类型与游戏产品的几个组成要素有关，大致可以分为以下几类。

第一种是故事类。首先需要明确的是，并不是所有的游戏都是按照故事情节来推进的，这里说的故事，指的是游戏模式，而游戏的整体模式必然涵盖故事元素。按照故事的要素，如什么时候应该起承转合，什么时候应该制造冲突和矛盾，什么时候应当进行对抗，什么时候达到高潮等。不难发现，游戏模式中即使不直接使用剧情，也依然包含着故事的重要因素，并以此来构建游戏的框架，形成完整的游戏模式。

到了元宇宙时代，这种故事要素的应用只会更加明显，更加得心应手。元宇宙是一个巨大的拥有无限创作潜力的世界，在这个世界中可以完成无数现实中不能经历的故事。因此，优秀的元宇宙游戏应该具备良好的讲故事的能力，让游戏世界更加精彩纷呈，抓人眼球。

第二种是世界观类。独特的世界观设定亦能成为元宇宙游戏的特色，形成游戏的 IP 从而产生价值。尤其是元宇宙游戏的世界观设定更加自由，实现程度比过去更高。基于元宇宙技术，在遵循伦理道德的前提下，游戏开发者可以尽情发挥，描绘不同奇幻世界的风土人情以及千姿百态的场景变换。而这些最终成为游戏的一种标志，吸引更多用户参与进来。

第三种是人物形象类。游戏中的角色往往都伴随着千奇百怪、丰富多彩的人物形象，而基于技术的进步，元宇宙游戏中的虚拟人物可塑造性更强，可发挥的空间更大。

7.3.5　游戏元宇宙产品竞争

1. 游戏元宇宙时代品类竞争

目前，市场上主流的元宇宙游戏主要集中在 VR、AR、社交、云游戏等几个类型。其中，VR 游戏和 AR 游戏类型竞争比较激烈，社交类和云游戏这两种类型的游戏竞争力相对较低，不过很多大厂也都在积极开发中。例如，世纪华通对云游戏已展开布局；腾讯也开启了"游戏＋社交"的尝试。总而言之，市场上的元宇宙游戏品类竞争状况十分激烈。

当前，主流的 VR 游戏包括 Meta 开发的 *Horizon Worlds*、美国艺电公司（EA）旗下的 DICE 工作室与 Criterion Games 工作室联合开发的《星球大战：前线》、索尼于 2022 年春季发售的《小老鼠莫斯 2》、卡普空推出的《生化危机 7》以及网易发布的《荒野潜伏者》等。

最知名的 AR 游戏是 Niantic Labs 开发的 *Pokemon GO* 和 *Ingress*。其他的 AR 游戏还有《一起来捉妖》《我的恐龙》《功夫格斗 AR》。当然还有 2012 年上线的收集物品打僵尸游戏 *Zombies, Run!*、2019 年 Niantic Labs 与美国华纳兄弟游戏公司联合开发的《哈利波特：巫师联盟》等。除此之外还有很多优秀的 AR 游戏，如《一起来捉妖》《我的恐龙》《功夫格斗 AR》等。

由 Meta 开发的 *Horizon Worlds* 就是"游戏＋社交"类型游戏。此外，腾讯也宣布将尝试"游戏＋社交"方面产品的探索。

目前，多家企业都推出了云游戏平台和云游戏产品。腾讯云推出了 Start 云游戏、即玩、先游等多款云游戏平台；完美世界与中国电信合作推出了云游戏《新神魔大陆》；三七互娱与华为公司合作推出云游戏《永恒纪元》等。此外，世纪华通在云游戏方面也已经开始了布局。

通过上述各大游戏企业推出的各类元宇宙游戏产品可以看出，目前市场竞争非常激烈。随着时间的推移，将会有越来越多的元宇宙游戏品类出现在市场上，届时不仅会是游戏产品的竞争，游戏品类竞争情况也会比较紧张。

2. 游戏元宇宙时代品牌差异化竞争

根据相关数据统计，大概有 40% 的中国上市游戏公司有着不同领域、不同程度的元宇宙布局，例如，腾讯游戏、中手游、网易游戏、世纪华通等。国外则有 Unity、Meta、任天堂等企业。

腾讯游戏作为国内乃至全球游戏巨头公司之一，在元宇宙布局上有自己独到的想法。从 2021 腾讯游戏年度发布会上也能看出腾讯游戏对布局元宇宙战略的重视。其对游戏元宇宙的战略制定围绕"数字场景"展开，而"数字场景"的布局方式也符合当前阶段元宇宙技术的发展态势，是元宇宙游戏在现在即早期呈现出来的发展特点。腾讯游戏的战略制定注重线下活动的体验感受，这与很多国外的元宇宙企业大不相同。腾讯试图与一系列品牌推出联名活动，为玩家在线下提供优质的沉浸式服务。同时，腾讯在其王牌游戏《和平精英》中增设了元宇宙板块，这种方式不仅能够让用户切身感受元宇宙游戏的玩法，还能使用户不断加深对于元宇宙游戏的理解。

中手游与腾讯游戏不同，前者的元宇宙战略布局建设在大 IP 的基础上，打造中国风元宇宙游戏。同时，中手游不断研发元宇宙相关技术，试图通过技术支撑企业对布局元宇宙的战略设想。从目前的市场来看，中国风元宇宙游戏产品数量相对较少，以"仙侠元宇宙"为主题设计游戏的企业更是稀有。中手游依托 IP 打造"仙侠开放世界"，既能乘 IP 发展之东风，又能趁势发展元宇宙新技术。按照数字孪生、虚实融合、虚拟原生的步伐为企业建立一个高沉浸、强社交、自由度高、可塑造性强、拥有数字身份和经济系统的全方位多层次的元宇宙战略格局。

世纪华通对于游戏元宇宙的战略制定也有自己的特色，其自己研发的游戏产品 Live Topia 在全球范围内取得了可观的成绩，目前，其用户数量已经达到了亿级。世纪华通不仅重视游戏产品内容的开发，还重视产品内容与技术的结合。企业涉及的元宇宙技术领域有虚拟现实、云游戏以及脑科学等。值得一提的是，脑科学方面的游戏开发，主要针对多动症（注意缺陷与多动障碍）儿童。世纪华通旗下的盛趣游戏和浙江大学儿童医院合作推出的《强化训练号》已经经过了三次临床试验，对多动症儿童有着显著的治疗效果。据统计，我国多动症的患病率为 6.4%，约有 2500 万儿童和青少年患者。目前，对于这方面疾病的治疗只能依赖药物并配合心理疏导。《强化训练号》这类游戏的出现，在治疗时能保持儿童的乐趣，让患者不排斥治疗过程。除了趣味性之外，《强化训练号》可以直接连接脑机接口，在治疗过程中捕捉患者脑电波，实时反馈训练和治疗效果，其同步速率能达到毫秒级。

此外，世纪华通关于游戏元宇宙的战略布局还涉及各个宏观板块。2019 年，世纪华通和咪咕达成合作协定，在游戏联合运营、5G 云游戏生态构建、版权合作、电竞产业、传统文化数字化利用、海外版图拓展运营等多方面达成全面战略合作。2021 年，世纪华通与江西省政府联合发起设立虚拟现实产业基金会，将战略版图延伸向虚拟现实产业链。世纪华通在不断探索完善产业链的同时继续技术投入，以技术为支撑，强化企业产品与各个技术领域的接洽融合。

整体看来，国外的任天堂对于元宇宙的布局脚步相对缓慢，不过任天堂平台认为元宇宙是一个可预见的可发展的未来。目前，任天堂的各类技术与工具融合良好，并且也为发展新的娱乐方式以及与现实生活连接的游戏铺平了道路。就像任天堂 AR 平台负责人说的那样，游戏本身是能够帮助行业内进行技术突破和迭代的，因此允许行业内孵化一些大胆的设想或预测。并且基于目前元宇宙的发展情况，尤其是 AR 元宇宙，在包括支付的多个版块中看到了企业发展的机会，以及行业变革的可能。

面对竞争激烈的市场环境，元宇宙游戏企业应该尽快对自身游戏产品的定位、价值进行差异化处理，及时培养产品特色，塑造品牌形象，进行差异化竞争。这往往要求企业决策者具有十足的洞察力，能从复杂的市场中洞悉游戏产品的发展潜力和发展趋势，并能以此衡量品牌的价值主张。同时，也需要与时俱进地跟随游戏用户的需求，让他们对游戏产品的定位建立认同感。

第 8 章　游戏元宇宙的风险与展望

游戏元宇宙实际上是虚拟与现实的综合交织，它以虚拟与现实融合的方式深刻改变了现有游戏的娱乐模式。游戏元宇宙与现实世界的关系互联互通，彼此相对独立但却又无法相互脱离。科技的进步与发展给人类带来福利的同时，往往也伴随着隐患的存在，游戏元宇宙的构建与产业发展同样将面临许多风险。我们需要呼吁各方共同遵循游戏元宇宙的构建原则，尽可能规避弱化风险，携手共绘游戏元宇宙未来的美好图景。

8.1　游戏元宇宙构建过程中的风险

8.1.1　技术实现风险

人机交互设备、元宇宙游戏开发引擎等关键领域技术的突破是元宇宙游戏开发亟待解决的问题。人机交互设备包括 AR/VR 模块、可穿戴设备、脑机接口等。其中，AR/VR 模块存在视觉辐辏调节冲突所带来的眩晕感；可穿戴设备存在负重佩戴、便携性弱等问题；脑机接口相关技术仍处于验证探索阶段，成熟度相对较低。同时，元宇宙游戏的开发依赖于成熟的游戏引擎，如交互式的实时图像处理程序、可编辑的电脑游戏系统等，游戏引擎能够使游戏设计者快速轻松地完成游戏程序的设计。现有的游戏渲染引擎、物理引擎、网络引擎并不能完美适配元宇宙游戏的设计，新一代的元宇宙游戏还有待开发。元宇宙技术开发的门槛较高，实现成本与应用效果存在极大的不确定性，相关技术风险是游戏元宇宙发展中不可忽视的因素。

游戏元宇宙发展初期将始终面临软硬件迭代匹配的问题。游戏元宇宙的软件层包括系统软件和应用软件。其中，系统软件主要负责应用协调游戏的系统资源以及控制和管理与游戏连接的外部设备。因此，当元宇宙游戏相关硬件迭代更新时，系统软件也需要做相应的更新调整，否则可能会出现游戏外接设备与系统软件不兼容的情况，影响游戏体验。

而元宇宙游戏的应用软件需要从现象层和行为层两方面进行考量。现象层提供游戏 UI 界面、人事物模型、音效等视听内容；行为层提供游戏关卡设计、故事情节、操作模式等玩法内容。行为层和现象层都需要根据具体的元宇宙游戏进行设计，同时要与硬件层适配，才能保证游玩畅玩无阻。在硬件层面，元宇宙游戏通过硬件设施实现现实世界与虚拟世界的融通，元宇宙游戏硬件设备包括GPU\CPU 芯片、AR\VR\XR 设备、5G 通信基础设施、云计算服务器等。

目前，相关硬件设备的性能水平尚不能满足元宇宙游戏的使用需求，而硬件设备的每一次更新迭代，往往牵一发而动全身，还需要游戏元宇宙软件层做出相应的适配与兼容。元宇宙游戏软件层为了能够及时适应硬件更新的频率，也需要耗费大量时间重新设计。实际情况则是，当前元宇宙游戏在软件层面的设计和更新速度滞后于硬件的迭代速度。在游戏元宇宙产业形成期，由于缺乏高效的开发工具，尚未形成规范的软硬件接口标准，产业链尚未形成，行业先行者难免要为频繁的软硬件联合调试买单，消耗大量的开发资金以应对较大的技术路线失败风险。

8.1.2 隐私安全风险

元宇宙游戏是基于互联网构建的，因此个人隐私和身份认证信息的泄露风险同样存在。未来，元宇宙游戏对区块链技术的依赖程度将逐渐加深，但当前由于区块链技术发展并不完备，基于区块链的游戏系统可能存在漏洞，易被攻击造成数据泄露，用户隐私易遭到侵害。而且，正因为区块链技术的特性，元宇宙游戏中用户基于区块链的交易并不直接与用户身份相关联。尽管这看起来对保护隐私安全是非常有利的，但当技术不成熟的游戏系统遭遇无法防御的攻击时，黑客及其他不道德窃取信息的行为可以基于 IP 等途径实现用户身份关联，这时基于区块链技术的隐私保护将完全转变成公开透明的状态。因此，行业内应慎重利用区块链技术，警惕平台技术不成熟可能造成的用户隐私泄露风险。

泄露隐私风险在元宇宙游戏外接设备使用中同样存在。游戏元宇宙世界与现实世界需要借助相关外接设备进行连接，而用户穿戴的外接设备在分析、监测、追踪过程中会产生大量用户数据信息。如若没有强大健全的安全系统维护，黑客等不法分子可能通过篡改游戏代码等方式截取用户数据，造成隐私泄露。在未来，脑机接口技术发展到一定程度，能够读取用户的脑电波，将其转化为可穿戴智能设备能识别和执行的命令，并传输到游戏世界中，从而使用户从思想到身体都能进入元宇宙游戏世界中体验交流。同样的，在未来脑机接口能够读取用户想法的情况下，一旦游戏安全措施做得不到位，游戏安全系统遭到破坏，那么游戏用户将面临巨大的隐私泄露危机。

8.1.3　虚实失衡风险

游戏元宇宙有造成玩家虚实失衡，沉溺虚拟世界的风险。一方面，游戏元宇宙创造的是一个与现实社会并行的"平行世界"，具有高沉浸、高拟真的特性；另一方面，游戏中的每个用户都是现实中的真实个体，现实生活对每个人或多或少都会带来一定的负面打击，例如，现实生活中，人们需要为了有限的优质资源与其他人竞争，一旦失败，便没有了重新来过的机会。而在元宇宙游戏构建的世界中，人们有了重新选择的机会，不仅可以失败后重启，还能体验光怪陆离、美不胜收的奇观异景，精神世界获得极大的满足。在游戏中人们总是可以充满快乐、愉悦和满足感，这种体验因为对现实世界有"补偿效应"而具备天然的成瘾性。也正是这两方面的原因，可能会造成游戏用户花费大量时间在游戏中，从事的现实社会的实践生活越来越少，导致游戏用户逐渐疏离现实。

虚实失衡现象在青少年群体中应该尤为警惕。青少年群体是国家的后备力量，因其心智发育不成熟，更容易被游戏吸引，沉溺于虚拟世界之中。长时间沉迷游戏将会损害青少年的身心健康，影响其价值观和世界观的形成。因此行业内应警惕青少年群体沉溺虚拟世界，游戏平台应及时制定相关措施，避免青少年虚实失衡现象的产生。

8.1.4 伦理道德风险

元宇宙游戏的开放性、共创性充分地实现了人们的主观能动性，玩家可以在游戏中突破时空、性别和寿命的限制，对在现实中从未拓展过的未知领域充满向往，并将梦想寄托于在游戏中实现。然而元宇宙游戏可能存在着一些引发社会舆论和道德争议的问题，如涉及暴力和色情的内容。此外，玩家可以在元宇宙游戏中互动和交流，但这种有别于现实社交的模式产生的社交关系常常是表面的、不稳定的，并且缺乏真实感。如果玩家过度依赖虚拟世界的社交，就可能会忽视现实中的真实人际关系，导致孤立和心理上的困扰。长此以往容易使玩家与社会脱节，缺乏同理心，产生冷漠情绪，甚至是攻击行为。

所以说，游戏元宇宙中存在伦理道德风险，毕竟人是"情感的动物"，无论是在现实生活中，还是在"平行世界"里都有社交生活体系和价值交往属性，这必然会带来像家庭、婚恋、交友等方面的伦理道德纠纷，如不及时解决，未来必然会在社会上产生不良影响。

8.1.5 金融违法风险

当前游戏元宇宙产业的火热，主要是资本推动的结果。但是，整个元宇宙经济目前还处在概念预设、思想准备、原型设计阶段，尚不具备产业盈利的可能。元宇宙技术和网络基础设施建设的准备，可能需要相当长的时间。因此，投资者需对经济资本炒作所带来的金融风险持谨慎态度。此外，元宇宙游戏中使用NFT技术，则必然存在交易行为，这很可能使游戏元宇宙成为偷税漏税、洗钱、金融诈骗、非法集资等经济金融犯罪的高发地。同时，游戏元宇宙平台可能会催生更为隐蔽、不易察觉的"元宇宙传销"新模式，游戏玩家应当对此保持警惕，国家政府机构应对此加以严格监管。需要明确的是，互联网不是法外之地，游戏元宇宙的发展亦不可逾越法律与监管的红线。以法律法规为约束开展行业监管，既是对行业健康发展的助力，也是对国家社会安全、人民群众利益的切实保护。

8.1.6　产业内卷风险

当前游戏元宇宙发展逐渐进入内卷化状态。新创公司、中小型企业力量开始崛起，在游戏赛道的话语权提高，互联网巨头和游戏巨头企业感受到的压力越来越大。近些年，游戏界的新锐米哈游公司推出的元宇宙游戏《原神》震荡了游戏圈，《原神》一经上市便立刻获得广大游戏玩家的青睐和支持，成为游戏圈中的"爆款"游戏。"爆款"现象的出现给大厂们敲响了警钟，随着游戏新锐势力不断涌现，游戏业未来发展可能面临洗牌，这种局面给"大厂们"带来了不少的压力，从各大互联网和游戏企业急切布局和推出游戏产品的行为中不难看出，焦虑情绪已在游戏圈中蔓延开来，各大厂商之间的内卷情况正在不断加深。

现在可以看到，游戏圈内已经出现了抢人才、抢项目的现象。游戏厂商也在疯狂加码元宇宙游戏的开发，竭尽所能挖掘、争夺资源，他们迫切想要组建属于自己的专业团队，从而火速投入游戏研发以推出产品，占领市场并打响品牌名号，夺得元宇宙游戏这个新游戏赛道的话语权。

总的来说，游戏元宇宙创业火、投资火且面临爆款压力。可以了解到游戏产业内的确存在内卷现象，且未来资本仍然会掌握行业主权。那么，在资本操纵的风险下，产业内卷化现象可能会更加严重。

8.2　游戏元宇宙产业标准及治理

目前，游戏元宇宙正处于产业形成期，随着越来越多的研究机构、产业实体布局游戏元宇宙领域，新概念、新技术、新产品、新模式不断涌现。若缺乏对行业基本定义和标准的统一认知，难免出现研究机构自说自话，相关公司各自为战的情况，影响行业内的技术交流。同时，缺乏统一的产业技术标准也不利于产业上下游的打通。更重要的是，游戏元宇宙产业的发展，离不开现代化的产业治理体系。对于 8.1 节提到的游戏元宇宙产业中存在的社会、政治、经济等领域中的风险因素，相关部门机构也须予以足够的重视，尽早形成完善的法律法规，为游戏元宇宙这极富创造力和活力的新兴产业的健康发展保驾护航。

8.2.1　规范标准促进产业发展

基于产业现状和发展趋势适时地推出游戏元宇宙的相关产业标准，是保障行业的健康和可持续发展的必要手段。目前，国内外研究机构已发布了多份元宇宙相关的产业报告，对包括游戏在内的诸多领域进行了概念梳理、技术分析和发展展望，如表 8-1 所示。

表 8-1　国内外元宇宙产业报告

报告名称	发布单位
《元宇宙发展研究报告 2.0 版》	清华大学
《2022 元宇宙研究报告：多元视角》	中国传媒大学、新浪新闻、央视网
《2021—2022 元宇宙报告》	腾讯新闻、复旦大学
《元宇宙 2022——蓄积的力量》	北京大学、安信证券
《元宇宙全球发展报告》	Newzoo、伽马数据
The Metaverse - The Next Mobile Internet?	Morgan Stanley

从现有报告来看，对于游戏元宇宙中的若干概念定义仍不统一，界限划分尚不明确，暂未提出具有业界共识的参考架构与设计流程。笔者认为，游戏元宇宙产业标准体系，应当包含下述的若干关键内容。

1. 术语标准

行业术语和定义标准是产业标准形成的基础。目前游戏元宇宙领域仍处于概念创新阶段，学界尚未形成统一的术语体系，迫切需要推出相应的术语标准。值得注意的是，2020 年 1 月，中关村数字媒体产业联盟发布了我国在元宇宙领域的第一个技术性团体标准——《元宇宙术语与传播规范》（T-ZDMIA 3-2021）；在更早的 2020 年，彼时 5G 云游戏概念作为游戏行业热点，也依托于相应的产业联盟,《云游戏术语和定义》团体标准发布。在新兴行业发展初期,依托产业联盟形成对行业关键概念和定义的统一认知,对于行业发展和相关标准的形成具有促进作用。

2. 总体标准

基于一致的术语与定义体系形成总体标准体系,可以为后续深入游戏元宇宙技术研究和细节标准的制定提供理论依据。总体标准作为纲领性的标准文件,需对游戏元宇宙的产业构成、功能模块、技术领域、标准化现状进行梳理,形成明晰的标准体系架构。以游戏元宇宙产业结构为例,总体标准中应对游戏元宇宙产业的构成进行明确的定义,应当阐明其与传统的游戏产业结构的区别(承载巨大游戏算力的云平台和提供人机交互设备的硬件厂商,是游戏元宇宙产业有别于传统游戏产业的主要部分)。

3. 技术标准

技术标准旨在对元宇宙游戏软硬件开发中的核心环节的关键技术进行规范。对于软件开发而言,标准应当涉及开发流程、开发工具、开发环境、程序参考架构、部署平台、通信协议等内容;对于硬件外设而言,技术标准应当给出典型外设的分类方式、外设硬件架构、关键性能指标的定义与建议值以及通用的硬件接口标准等内容。考虑到元宇宙游戏数据量庞大,为避免数据延迟,可能会采用"端 - 边 - 云"相结合的部署方式,硬件外设作为数据端通常会具有一定的边缘计算能力,在游戏元宇宙技术准则中应针对这种设计需求,做出相应的要求和规范。

4. 测试标准

软硬件测试是元宇宙游戏开发迭代流程中的重要环节,贯穿游戏的整个产品周期。元宇宙游戏测试标准,应当对包括用户体验、运行维护、软硬件兼容、平台安全等提出具体的测评规范与要求。对于元宇宙游戏,用户体验测试应包含游戏性、功能性、易用性等相关测试内容;运行维护测试应当包含代码效率测试、维护性测试、可移植性测试等内容;软硬件兼容测试应当包含编解码兼容性、响应速度、呈现效果等测试内容;平台安全性测试应当包含服务器抗压、抗攻击、数据封装安全、网络异常处理等测试内容。值得注意的是,元宇宙游戏具有拓展性的特点,玩家行为反馈于元宇宙游戏,使得游戏数据乃至玩法都会随用户使用而发生变化。这使得元宇宙游戏的测试与发布不能离散进行，而应当是一个连续性的过程。

5. 数据标准

游戏元宇宙涉及海量异构数据的传输与存储，数据标准应当对游戏元宇宙的数据类型、压缩机制、编解码格式等进行规范。元宇宙游戏中大量用户数据需要依赖云的算力和存储能力，应当考虑数据检索效率、存储代价、隐私安全等因素，选择合适的数据结构。同时，由于大量外设传感器的存在，元宇宙游戏中可能涉及流数据、时序数据等存储和计算需求以及硬件终端的边缘计算需求，这对数据库的能力提出了新的要求。此外，对于游戏元宇宙而言，需要对区块链技术和 Web 3.0 架构应用所产生的公开化、去中心化数据制定相应的数据标准。

游戏元宇宙产业标准的建立，应当是一个不断更新完善的过程。除上述列举的关键产业标准之外，更详细的游戏元宇宙设计流程规范、设计参考架构、运营评价指标体系等产业标准与规范也应当逐步建立。目前，游戏元宇宙行业规范的制定主体主要是企业、行业协会、国家标准化委员会等。

游戏企业通过参与游戏元宇宙与产业标准的制定从而引领行业发展方向，可以提高企业的市场知名度并扩大企业竞争优势。技术壁垒是目前唯一合法的壁垒，积极布局产业标准制定，建立有利于己方的行业技术壁垒，有助于相关游戏企业在竞争中率先抢占市场先机。可以说，行业技术标准的制定既是群策群力的结果，也是各方博弈的产物，涉及企业乃至国家间的利益分配。号召相关团体尽早布局游戏元宇宙产业标准制定，对推动国家标准的形成具有深远的战略意义。

8.2.2　探索治理模式强化监管

元宇宙游戏作为新兴的大众娱乐方式和文化内容载体，虽然发展刚刚起步，但考虑到其对游戏娱乐领域所带来的革命性的范式转变，以及前文所述的诸多潜在风险，超前对游戏元宇宙的治理与监管开展治理模式的探索研究极具必要性。

1. **游戏元宇宙产业治理的基本原则**

1) 社会利益原则

游戏元宇宙既是文化娱乐的载体，也是思想教育的大课堂，它将深度参与对玩家世界观、价值观的塑造与社会认知的培养。在发展游戏元宇宙产业时，应当从社会公共利益的大局出发，引导玩家更好地理解现实社会，培养玩家的社会责任感，弘扬和激励其"亲社会"行为和约束玩家的"反社会"行为。

2）内容健康原则

剧本是游戏元宇宙中塑造虚拟世界的内容基础，游戏设计者与监管机构对于元宇宙游戏剧本应进行严格的把关，警惕出现有违公序良俗、社会伦理的元宇宙游戏剧本出现。只有当内容监管和创作自由保持一定的平衡时，游戏元宇宙的内容生态才能有序、健康发展。

3）虚实兼顾原则

游戏元宇宙沉浸感强，应当警惕玩家陷入现实疏离主义和虚无主义。游戏元宇宙应是融通虚实世界的桥梁，真实物理世界与虚拟世界应当相互映射并保持良性互动，以促进两个世界中的价值增益。

4）大众主体原则

区别于单一角色游戏，元宇宙游戏世界是由众多玩家角色共同构建的，因此元宇宙游戏剧本设定中，应当淡化精英主义、英雄主义元素。必须坚持大众主体原则，警惕在元宇宙游戏中形成个人崇拜、宗教狂热、阶级矛盾、种族歧视等极端思想。

5）劳动权利原则

区块链与 NFT 技术的发展赋予了元宇宙虚拟世界中所有权的概念，使得游戏元宇宙具有生产力工具属性。虚拟世界中的劳动成果、私人财产应当得到与现实社会中同样的尊重与保障。此外，对于现实社会中作品、商标在元宇宙虚拟世界中的使用，也应当形成相应的管理标准，保障其所有者的合法权益。

2. 游戏元宇宙治理模式探讨

政府部门是行业监管的主体，近年来，相关部门多次针对游戏行业发布了相关的产业政策和法规，且对游戏行业的监管力度呈增强趋势。以 2021 年国家新闻广播电影电视总局印发的《关于进一步严格管理切实防止未成年人沉迷网络游戏的通知》为例，按照该通知要求，正常情况下未成年游戏玩家每周网络游戏时长将不能超过 3 小时，被称为"史上最严"未成年人防沉迷游戏禁令。

游戏元宇宙势必涉及网络技术、信息安全、产权保护、文化传播、金融交易等诸多领域。因此，对于游戏元宇宙产业的管理必将以多部门联合监管的模式进行。多部门联合监管具有一定的操作复杂性，这对行业治理体系的建设提出了更高的要求。首先，游戏元宇宙治理应注意着力解决秩序与活力之间的冲突，不能因为风险因噎废食，需兼顾社会、金融、经济安全与新兴产业发展。其次，考虑到多部门联合监管治理的复杂性，采取分级分类治理，有利于增强治理的科学性、针对性、有效性。对于游戏元宇宙这一新兴业态而言，在行业尚未成熟时期，政府法规尚不能及时完善，这一阶段可以考虑采用政府监督、企业自治、行业自律、公民自觉监督的多元社会主体共治共建治理模式。

值得一提的是，元宇宙游戏提供了高度数据化的社会样本，未来既可以用于开展社会学数据分析研究，也可以用于大数据的智慧监管和基于算法的社会治理研究，这将极大促进管理学科的发展并进一步反哺于产业治理。

8.3 游戏元宇宙遵循的原则

每一次的数字革命都会给整个社会带来巨大变革。互联网产业在经历 30 多年的突飞猛进后，算法不断优化，人工智能技术逐渐普及。新技术革命大幅提升了人类社会运行的效率，但也冲击着个人生活与社会系统的传统规则与秩序，带来了诸多负面的技术问题。正如安德鲁·基恩所指出的那样，数字革命给人类的文化、经济和价值观带来的影响是多方面的，其中也包括破坏性的后果，伴随着网络的繁盛，愚昧、低品位、个人主义和极权统治也大量涌现。安德鲁建议社会应该以正确的方式使用技术，一方面要鼓励革新、开放和进步；另一方面要尊崇真理、权威和创造的专业标准。曼纽尔·卡斯特认为人类作为信息生物，在互联网的驱动下形成了彼此相连的"人类大脑"。然而，技术越强大，其潜在的破坏力就会越大，工业革命引发了两次世界大战与对第三世界的剥削，信息技术则对人类大脑带来入侵式控制。

如今，互联网已经融入社会的所有领域。在科技善与恶的现实双向驱动下，2018 年，腾讯研究院提出了"科技向善"（Tech for Social Good）的概念，即对新技术带来的一切变化保持觉察，让社会各方真正意识到科技给社会带来的诸多问题，寻求最大范围内的共识与解决方案，并引导技术及产品放大人性之善，实现良性发展。"科技向善"并不是数字时代的产物，而是工业时代向善的载体与机制的延续，从人是技术的尺度这一立场出发，"科技向善"明确了其自身目标。首先，该理念呼吁搭建一个立足中国，同时面向全球学术界、企业界、政府、民间机构与公众的多方主体、多元背景的对话、研究与行动平台，针对新技术带来的新问题，寻求最大共识与最佳解决方案。其次，传播"科技向善"的理念，需要联合社会各个平台和主体一起面对互联网技术与互联网相关产品所带来的不利因素，推动各方各主体进行深度对话，推动就问题达成共识，探索切实有效的解决方案与实际行动。最后，吸引全球互联网研究的顶尖学者、机构、相关主体，共同参与技术与社会相关问题的研究，推动科技向善项目全方位、多层次、多维度有效进行；连接和激励各方针对技术发展带来的新问题，有的放矢，进行有针对性的、跨学科的交流与协作，产出高质量研究报告、观点、解决方案，形成政府、企业、学术界与公众间的良性互动。总的来说，在未来的科技发展进程中，"善"应成为核心要素。

8.3.1　游戏元宇宙的科技向善之路

随着元宇宙介入游戏，游戏元宇宙的到来将会在全方位影响大众的生活与娱乐方式。在深刻推动社会治理数字化转型的同时，还将引发哲学、伦理、实践等层面的风险与挑战，给人类带来新的社会治理问题。因此，构建游戏元宇宙要始终坚持"科技向善"的理念。

1. 坚持以人为本

坚持以人为本的理念，实现游戏产业及其所带来的技术对人类社会的福祉最大化是通往游戏元宇宙科技向善之路的第一步。为了实现这一路径，首先需要明确互联网精神与技术向善的本质——万维网的发明者蒂姆·伯纳斯·李曾在设计之初提出，互联网应保持开放共享。互联网最大的价值应在于其自由、平等、创新的内核，赋予每一个普通人获取并传递信息的渠道，进行社会交往、参政议政、创新创造等活动。而科技向善旨在寻求最大范围内的共识与解决方案，并引导技术和产品放大人性之善，实现良性发展，用科技来缓解数字化社会的阵痛。可以发现，技术的向善与互联网原始精神不谋而合。由此，科技向善作为行动准则，建立数字化浪潮中社会的信任、秩序与规则需要发挥互联网的协同机制，实现以人为核心的普适价值。游戏本身是科技与人文结合的重要产物，作为人类文明的组成部分，游戏本身有义务、也有责任承载起更高的社会使命，成为科技向善的先行者，发挥其更广阔的应用空间，并演变为一种连接科技、文化与人的"工具"。

游戏元宇宙的技术要始终与"人"结合起来，通过"玩家与玩家"建构游戏的情感，建构人与游戏场景的黏性。在这个过程中，需要通过内容活化、业态创新、资源聚合、技术融合等方式进行游戏元宇宙的构建。具体来说，坚持以人为本理念进而实现游戏元宇宙的科技向善主要有两个层面。

第一，需要充分发挥新技术的潜力，使技术惠及人类的娱乐与生活，解决传统游戏的痼疾与难题。例如，随着数字媒体等网络开发技术的迅猛发展，游戏所创造的虚拟空间越来越精彩绝伦，吸引更多的玩家将大量时间花费在了虚拟网络之中并将现实世界与虚拟世界完全割裂开来，这使得许许多多的玩家无法平衡游戏与生活。但元宇宙带来的虚拟现实、区块链等技术将重构游戏的内容与形式，实现更高程度的虚实补偿，使得玩家不仅仅能够从游戏中获得精神的愉悦，还能以游戏化的形式进行资产积累、人际交往甚至是工作等。

第二，游戏企业在追求商业回报之外，其产品与服务还应兼顾社会公共价值，尽可能地解决技术负面效应，避免技术作恶，并以人文之名，成为科技向善的先行者。即游戏企业应有意识地通过企业内部审议，寻求广泛的外界协商，贡献出既具有创新性又具有人文性的产品与服务。具体来说，游戏企业应试图聚焦游戏带给社会的正向价值，从国家传统文化传承、国家科技教育、社会公益扶持等方面展开探索，将游戏置于一个更高的价值落点上，重新去认识、去挖掘游戏的正向价值，进而拓展游戏自身的边界。例如，腾讯游戏于 2019 年将"腾讯功能游戏"品牌升级为"腾讯游戏追梦计划"，并推出了"功能游戏"这一新兴游戏品类。"功能游戏"以解决现实社会与行业问题为主要目的，同时具有跨界性、多元性和场景化三大特征，并在学习知识、激发创意、拓展教学、模拟管理、训练技能、调整行为、养成良好品质等方面具有明显作用，可跨界应用于教育、医疗、文化等领域。在未来，游戏元宇宙将践行"科技向善"，挖掘游戏的更多可能性。

2. 构建技术规范

游戏元宇宙需要诸多软硬件技术的赋能，在软件方面，游戏元宇宙涉及云计算、空间计算、边缘计算、语义计算等底层计算方法；VR/AR/MR、裸眼 3D、物联网等交互技术；其他还包括数字孪生、区块链和游戏引擎等相关领域。而在硬件方面，游戏元宇宙也需要更加智能的可穿戴设备。因此，在打造更完美游戏体验的同时，游戏元宇宙也会面临诸多技术。较为突出的有两类，其中一类是软硬件迭代速率不同。从使用体验上来看，目前的硬件设备存在视觉辐辏调节冲突所带来的眩晕感，长期负重佩戴使得便携性大大弱于手机，视觉参与度高使得多任务管理受限以及操作上仍然有诸多不方便之处；在产品迭代方面，体现在亟须升级的硬件与难以快速迭代软件间的矛盾，即为适应 XR 设备等硬件设备的更新，软件需耗费大量时间进行重新设计和适配；在内容生产方面，主要体现在现象级游戏内容不丰富。第二类技术隐患是亟待破除的技术短板。当下，游戏元宇宙相关技术发展不均衡，发展较落后的技术制约着游戏元宇宙整体应用水平。例如，VR 设备续航停留在 3 小时以内限制了游戏体验的持续性；同时在线人数受到算力、带宽限制，且模型精细度越高，人数上限越低；具身交互多感官体验尚有诸多技术难点等。因此，只有技术实现重大突破后，围绕游戏元宇宙模式的设定与应用探讨才能进一步实现。

聚焦游戏元宇宙，除了坚持以"人"为本的理念外，其通往科技向善之路还需要政府、专家、游戏企业与元宇宙企业等多方协同构建向善的技术规范。只有这样，才能够贯彻落实现阶段游戏元宇宙的重要发展战略——推进基础数字技术研究，进而引导科技企业与技术人才致力于增强技术创新能力，提高技术成熟度，克服木桶原理，切实推动游戏元宇宙产业发展落地，让游戏元宇宙更好地赋能社会创新发展。在具体落实层面，首先，需要科技企业在自己产品与服务中树立"向善"的理念，平衡社会价值与商业价值。科技企业在进行游戏元宇宙布局时，须用创意与科技来解决社会问题，汲取科技创新与艺术创造的灵感。具体来讲，可以通过从现实世界中的社会问题出发，将其作为能量来源、创意来源与拓展空间。其次，政府在新技术发展中应采取审慎的包容式监管。需在对待游戏元宇宙时采取放管结合的手段，以此来优化市场营商环境，并通过打造应用示范项目来帮助构建游戏元宇宙的技术规范体系。最后，用户在与游戏产品的互动中，应与科技企业达成理解与共同创造的理念，形成社会多主体联动，促进技术的良性发展。当然，初级阶段的游戏元宇宙会营造一种完全沉浸式的虚拟生存，将使得玩家过度自我、感知放纵、认同模糊、发展失衡，这就需要玩家有回归现实世界来维持生存稳定性的觉悟。

总的来说，游戏元宇宙的各方关系是开放式的，这种开放需要在网络主体间建立规范，让每个人的价值最大化，满足每个人的需求，与此同时形成连接，兼顾整个国家与人类文明的正确走向。

8.3.2 倡导企业社会责任感，遵循"向善"原则

游戏产业来到元宇宙时代，其模式将发生巨大变化。且从游戏产业的现状来看，许多游戏企业与互联网大厂已经开始了游戏元宇宙的布局，游戏产业正面临着变革。而向元宇宙时代过渡的游戏由于新的构建方式、治理模式、商业模式等增加了更多的不确定性，游戏元宇宙在发展至成熟模式之前，可预见地将会出现发展不平衡、不稳定的现象。可能造成的问题有隐私信息泄露、低俗内容频现、伦理道德缺失、游戏秩序混乱等。因此，为了降低这些问题出现的频率以及能够及时解决已经出现的问题，游戏企业应当承担好应尽的社会责任，保持高度的社会责任感，坚持"向善"原则发展游戏元宇宙。同时，还应做到以下两点。

1. 促使游戏平台达到责任方应履行的责任强度

游戏元宇宙将会打造一个自由开放的"平行世界"。这个"平行世界"将虚拟和现实融合起来，并提供强大的功能支撑，承载数量庞大的用户，其中涉及的人、数据、信息流量等内容都将远远超过传统的游戏平台。因此，就游戏元宇宙来说，其体量必然十分庞大，并且在未来将与众多产业以及文化相联系，具备广泛的社会影响力。且在未来，游戏元宇宙平台的功能和业务可能与文旅、教育、农业等多种产业内容相结合。因此，游戏元宇宙平台将会牵涉多种类用户企业生态。长此以往，游戏元宇宙平台将与这些产业内容深度结合、相互依存。所以

说，将来的游戏元宇宙平台不仅要承担平台自身的社会责任，同时也应担负起互为利益相关者的用户平台方的一部分社会责任。而倡导游戏企业的社会责任感，强调遵循"向善"原则的重要作用之一就是敦促游戏平台不仅要履行自己的责任，同时也要肩负起用户平台的部分社会责任，共同打造一个秩序井然的游戏元宇宙世界。

2. 敦促游戏平台把握好价值输出方向

未来，随着虚拟现实、数字孪生、云计算等关键技术的发展，游戏元宇宙构建的世界体系涵盖的内容将会越来越多。海量的信息、多样的故事情节和真实感十足的游戏景观将会潜移默化地影响人们对消费、生活等各方面的看法和思考，甚至有可能会成为塑造人们身心成长环境的重要因素。因此，游戏元宇宙世界对人们的价值观、世界观的发展具有一定的引导作用。在这种情况下，必须倡导游戏平台肩负起社会责任，敦促平台把握好自身价值输出方向，帮助广大游戏玩家，尤其是青少年群体树立正确的世界观、价值观。

8.3.3　游戏元宇宙社会责任评估指数模型

构建游戏元宇宙社会责任评估指数模型的目的有两个。

第一，游戏元宇宙尚处于发展阶段，还未形成成熟的体系模式，构建社会责任评估指数模型，能够作为游戏元宇宙企业承担社会责任方面的风向指标。从游戏元宇宙涉及的关键系统入手，阐明游戏元宇宙各系统的详细影响因子，对企业需要肩负的社会责任问题和承担社会责任的效果精准阐述和把控，设定指标优先级，对游戏元宇宙社会责任进行拆解，促使游戏企业管控游戏平台，承担相应的社会责任。

第二，社会责任评估指标模型可以对游戏元宇宙中出现的各类问题，如技术安全、经济安全、数据安全等情况进行动态监控评测。可根据指标模型中生成的动态变化对游戏元宇宙中的风险进行及时预警，防止安全漏洞造成风险入侵，保障游戏元宇宙中的用户使用体验。

三级指数评估模型如表 8-2 所示。

表 8-2　游戏元宇宙社会责任评估指数模型

一级指标	二级指标	三级指标	计算方法
科技向善 A1	经济系统 A11	数字货币技术能力	组合赋权法
		洗钱风险防控能力	组合赋权法
		NFT 技术成熟度	组合赋权法
		虚拟物品交易的安全程度	组合赋权法
	交互系统 A12	与虚拟人交互的价值取向是否正面	主观赋权法
		与高仿机器人交互的价值取向是否正面	主观赋权法
		脑机接口读取传输信息的安全性	组合赋权法
		智能设施建设能力	组合赋权法
		算法对用户在交互时出现的违法犯罪内容的感知和反馈能力	组合赋权法
	体验系统 A13	视觉画面的健康度	组合赋权法
		听觉声音的健康度	组合赋权法
		生理感知的健康度	组合赋权法
		游戏景观监测能力	组合赋权法
		游戏玩法规范度	主观赋权法
		游戏规则合理度	主观赋权法
	UGC 创作社区 A14	审查创作内容能力	组合赋权法
		UGC 社区交易安全度	组合赋权法
		UGC 社区秩序监测能力	组合赋权法
		内容维护更新频率	客观赋权法
		违法、违规、违背伦理内容的下架速度和准确度	组合赋权法
	安全系统 A15	用户隐私信息的维护能力	组合赋权法
		抵御外界攻击能力	组合赋权法
		安全技术迭代能力	组合赋权法
		对风险的预估监测能力	组合赋权法

一级指标	二级指标	三级指标	计算方法
企业社会责任 A2	未成年人保护机制 A21	未成年人在元宇宙游戏中的时间限制	客观赋权法
		未成年人在元宇宙游戏中的场景景观限制	客观赋权法
		未成年人游戏消费的保护力度	主观赋权法
		是否设置未成年人分级机制	组合赋权法
	安全性 A22	是否提供对游戏内虚拟商品的保护	组合赋权法
		对违反游戏规则、恶意组团、外挂等行为的抵御能力	组合赋权法
		游戏元宇宙世界运营的稳定性	组合赋权法
		对在游戏时间过长的用户提醒下线的频率和强制下线的数量	客观赋权法
		是否为了服务提取了过量用户私人信息	组合赋权法
	精神文化内涵度 A23	是否遵循社会主义核心价值观	主观赋权法
		游戏中虚拟人人设、高仿人机器人、NPC 的价值观取向是否积极正向	组合赋权法
		游戏中世界观、故事情节设置的精神文明程度	主观赋权法
	心理安全责任 A24	防沉溺系统的设置和实现程度	主观赋权法
		游戏世界虚实结合的详细评估	主观赋权法
	媒体推广度 A25	相关新闻报道数量	客观赋权法
		是否拥有官方微信以及官方微信影响力 WCI	客观赋权法
	媒体推广效果 A26	相关新闻的转发 / 点赞 / 评论量	客观赋权法
	用户喜爱度 A27	用户平均在线时长	客观赋权法
		用户日活跃度	客观赋权法
		不同终端进入游戏的频率	客观赋权法
		用户在 UGC 社区发布评论的正负面态度占比	组合赋权法

从表格中可以看到，在科技向善部分有 5 个子准则层：经济系统、交互系统、体验系统、UGC 创作社区、安全系统。经济系统侧重于游戏元宇宙中涉及的与经济相关联的技术能力和成熟度，关注相关企业搭建游戏元宇宙系统时对于经济系统技术能力和风险预警方面的考量；交互系统主要关注虚拟人、AI 智能设施的能力以及算力问题在交互中实现的功能效果，及时预警交互中出现的问题；体验系统则侧重感官方面的健康程度以及游戏规则、玩法、规范，避免出现不良信息侵扰视听；UGC 创作社区重点关注用户群体创作方面的问题，包含内容监管、维护、更新以及用户与用户之间的交易安全、秩序等；安全系统侧重内容健康、隐私数据、技术迭代抵御能力、游戏系统风险预估能力。通过这几方面可以评估预警企业安全方面的责任是否承担到位。

而企业社会责任部分有 7 个子准则层：未成年人保护机制、安全性、精神文化内涵度、心理安全责任、媒体推广度、媒体推广效果、用户喜爱度。未成年人保护机制关注游戏对于青少年的限制区域、内容、保护机制的成效；安全性关注虚拟商品交易安全、游戏机制安全、用户隐私信息安全；精神文化内涵度侧重世界观、价值观问题；心理安全责任则关注虚实结合度、防沉溺机制；媒体推广度侧重于新闻报道数量，尤其是微博、微信平台，同时关注新闻内容正反态度的比例；媒体推广效果关注新闻报道的转发、点赞、评论数量；用户喜爱度关注用户在游戏中的时长、登录次数、活跃度、正反态度比例等方面，用于监测用户对于游戏的喜爱程度。

8.4 游戏元宇宙的未来展望

8.4.1 现实世界身份与游戏世界数字身份两套系统并行不悖

未来游戏元宇宙的发展，将支持用户同时拥有现实身份和数字身份，两套身份系统并行不悖。在游戏元宇宙中，用户的数字身份同现实世界中一样，拥有个人身份信息，并可以掌控自己的身份在游戏中进行社交活动及其他活动。数字身份通过采集用户的活动轨迹、行动记录、消费记录等数据，构建用户在游戏元宇宙中的身份资料。

在现实世界中，身份是一个人存在的必要前提之一，也是维护现实社会健康有秩序运转的重要环节。在游戏元宇宙世界中，身份同样重要，且与现实世界中身份具有的"社会契约性"类似，人们在数字世界中拥有的数字身份将会具有"数字契约性"，相当于一种"数字合约"。人们在游戏中持有数字身份享受游戏世界带来的乐趣的同时，也要遵循游戏世界的规定，并接受相应的数字智能监督，承担在数字世界的责任。因此，数字身份系统的构建能够帮助游戏元宇宙更好地维护世界秩序，预警或阻止不当行为的发生。

不仅如此，在未来游戏元宇宙的数字身份系统中，数字身份将会与现实身份一样包含信誉度的问题。当然，在游戏世界中信誉度良好的玩家将畅通无阻，而对于信誉度一般甚至很差的玩家来说，在游戏世界的行动将会受到相应程度的限制。据此，游戏玩家必须在数字世界中维护自己身份的信誉度，避免在游戏中发生不好的行为，这样做能够促使玩家更多地参与游戏中倡导的有益活动，在数字世界中实现自我形象的重塑。

在这个过程中，玩家可以按照自己的兴趣、理想、情怀、审美等进行重造，相较于现实世界，这是一种更深层次的对理想自我的认知映射。因此，数字形象某种程度上是个体心中的理想自我在游戏世界的投射。在游戏世界中，个体以数字形象与他人交往，形成数字身份的社交网络，展现一个不一样的"自我"。

另外，在个体肉身消逝后，游戏元宇宙中建立的数字身份仍然可以在游戏世界中继续"生活"。未来元宇宙游戏还可以依靠强大的云计算能力、6G 通信网络、脑机接口和数字孪生等技术现实将个体的思想保存下来，为数字身份注入灵魂。

8.4.2　文化多样化发展，NFT 支撑数字创作

未来游戏产业的发展将不再局限于游戏本身，游戏元宇宙将融合各个产业元素进行优势互补，游戏元宇宙世界中的文化色彩将更加丰富，呈现多样化发展势态。在未来，游戏元宇宙可以融合影视、网络文学、短视频、新闻、历史、民俗等多产业领域，在游戏世界中构筑与现实相连通的多样文化通道，助力国家事业、各产业文化、民族文化等的宣扬和发展。

除此之外，未来游戏元宇宙世界中，每个人的主观创造性将大大增强，人们将发挥无限的创意创作作品，从而形成游戏元宇宙中的"数字艺术"市场。大家在其中相互交流交易，促进"数字文化""数字创作"的繁荣。而游戏元宇宙基于 NFT 愈加成熟的技术，将最大程度上保证数字市场上交易的公平性、规范性。NFT 就像一个精致的水印，无法从创作的作品中剔除，具有独一无二的特性。因此，NFT 在未来将发展成为游戏元宇宙中交易部分的核心保障环节。

8.4.3　系列化剧本助力 IP 开发

元宇宙的特征之一是可连续性，但当前在游戏元宇宙产业内还未形成可连续化的发展，现阶段仍然是单独板块的开发试验。那么，未来游戏元宇宙从初级阶段过渡到成熟阶段的过程中出现的游戏世界不连续问题该怎样解决呢？最理想的方式之一是打造系列化剧本，使游戏世界保持连贯性。

首先，根据剧本不断更新游戏玩法和关卡，并形成可持续开发态势。连贯的剧情给人们足够的沉浸空间和沉浸享受。相较于传统游戏，游戏元宇宙甚至可以创造出全新的职业，即专门为游戏写作的游戏剧作家，结合游戏元宇宙的时空拓展性、人机融生性和经济增值性的特点帮助游戏开发全新的剧情系列。同时，游戏元宇宙中承载的技术能够实现多元的场景景观，因此剧作家可以发挥充分的想象力，对游戏元宇宙世界景观进行构建描绘。专业的剧作家能够给游戏元宇宙世界和世界中的故事增光添彩，使游戏剧情能够按照季度继续延续发展下去。这样的方式相较于传统游戏有以下几大优点。

第一，专业剧作家专门针对游戏进行剧本架构和剧情编写，可发挥的空间更为广阔，可撰写的剧本类型包括玄幻类、仙侠类、科幻类、情感类、现实类、童话类等，极大丰富了游戏元宇宙世界的内容。同时也能够摆脱传统游戏中存在的剧情不断重复，以及不同板块的游戏内容相互割裂的缺陷，增强游戏可玩性。

第二，为游戏进行剧本撰写并且进行季度延续能使元宇宙游戏更加连贯、可持续。例如，假设与剧本创作团队签订多季的剧本合同，从第一季开始引入故事剧情，设计剧本内容使游戏世界不断推进，一方面，不管是从视觉还是从剧情本身都能够给予游戏用户最大的沉浸体验；另一方面，打造优秀的游戏剧本能帮助提升游戏的趣味性，用户也能持续收获新鲜感。每一季的剧本不断埋下伏笔，可以有效避免游戏用户或粉丝的"爬墙"行为，增强他们的心理期待，提升用户黏性。

第三，系列化的剧本、连贯的剧情以及游戏元宇宙世界营造的真实感，很容易使用户发生情感沉浸。随着社会的发展，人们的生活节奏越来越快，面对的压力也越来越大，而这些压力在现实生活中难以被释放出来，从而使不良情绪越积越多，长此以往对个体身心健康非常不利。而在游戏元宇宙中，游戏剧情的加持可以让人们产生深层次的情感沉浸，帮助他们把内心的不良情绪发泄出来。因此，未来元宇宙游戏很可能成为一个大众的情绪调节渠道。系列化剧本除了能促使用户发生情感沉浸宣泄情绪之外，还能使用户对游戏产生"亲切感"，在一定程度上使游戏起到了情感陪伴的作用。焦躁不安的灵魂得到安抚，孤独和寂寞有了排遣渠道，且游戏元宇宙世界提供永不会背叛的值得信赖的虚拟伙伴，这也是未来元宇宙游戏的价值体现。

其次，系列化季度性的游戏剧本，也有利于未来游戏元宇宙开发自己的游戏IP。这是因为精彩连贯的剧情往往能够引人入胜，给用户留下更深刻的印象，也更能吸引潜在用户的目光。游戏剧作家们可以在剧本中添加"空白结构"，引导用户潜移默化地跟随游戏剧情的变换而对其中的空白部分进行想象和填补，也就是进行二次创作。这种做法能够给用户极强的参与感和满足感，有利于游戏用户转化。而用户对于游戏的喜爱也会促使他们主动传播游戏，扩大游戏产品的宣传范围，辐射更多的用户群体。

因此，未来游戏元宇宙的发展，可以尝试开发系列化剧本，增强元宇宙游戏世界连续性，给玩家更好的游戏体验。

8.4.4　构建全拟真交互世界

随着 5G 技术，其至 6G 技术的研究推进，虚拟现实的发展将迎来产业爆发期。未来虚拟现实技术的成熟将加速全拟真元宇宙游戏的开发，并终将构建一个全拟真的交互世界，虚拟数字人、AI、脑机接口等技术在构建过程中将起重要作用。

全拟真的交互世界是未来游戏元宇宙的必由之路，并将基于更加成熟的数字孪生技术构建现实世界的拟态。此时，游戏元宇宙可以充分利用虚拟数字人角色对游戏世界进行补充，而虚拟数字人又以人设型虚拟人和实用型虚拟人两大类为主。人设型虚拟人在交互中的功用定位是以打造人设魅力为主。在未来，这些虚拟数字人将达到和真人肉身并无二异的程度。不仅如此，未来人设虚拟人的声音也将摆脱原始机器机械性的模态，能够进行话语断句，并且根据语言情感色彩的变化展现喜怒哀乐的情绪起伏，能够真正和人类产生带有思想有温度的交流，帮助游戏元宇宙形成一个有沟通且温暖的交互世界。实用型虚拟人的功能定位在于形成 IP、产生 IP 价值以及衍生价值、生产内容等，并在未来通过游戏元宇宙中的演唱会、音乐会、周边等形式进行变现。AI 也将在未来元宇宙游戏交互中与脑机接口等技术相结合，利用语音识别、技术识别和脑神经识别等手段实现人类与游戏世界的声音、视觉、思想等方面的全面交互，将从多维度提升游戏世界的交互效率。

总的来说，随着虚拟人技术和 AI 技术的不断发展，未来成熟的技术将帮助游戏元宇宙构建一个全拟真的交互世界，为玩家提供更好的沉浸交互体验。

8.4.5 社群联结成片，民主化发展

随着技术的进步，未来互联网将继续朝着标准化、规范化方向发展。到了元宇宙时代，网络环境将更加开放，这为游戏元宇宙的发展准备了一系列条件。在未来，游戏元宇宙将广泛民主化，游戏社群与社群之间将不再有间隙，而是联结起来成为游戏元宇宙中的一个组成部分。

在现在的游戏体系中，游戏的应用程序或者游戏的虚拟形态的推广和发展会受到一些掣肘，有时会有用户因素方面的制约，有时会发生权限、审核、管理方面的限制。因此，当前游戏体系，包括现阶段的元宇宙游戏其实都处在具有限制性的开放网络中，这种限制性某种程度上会使用户感到安全，毕竟未知领域的陌生感会使相当一部分用户在接受新事物的时候打退堂鼓，所以当前很多用户的意愿还是更倾向于待在熟悉的领域搭建自己的局域网络。不过，在未来这种情况很可能发生转变，因为依照元宇宙技术体系的建设蓝图和发展情况，未来游戏产业

极有可能发生颠覆性变革：游戏产业不会再维持现阶段的这种带有局限性的开放网络系统，而是发展成更为广阔、更为民主的一种超级网络、超级媒介形态，使游戏元宇宙联结各大游戏平台、门户网站、互联网平台，构建一个十分庞大的、开放的、民主化的体系，社群不再单打独斗，而是联结成片，成为未来游戏元宇宙的一个组成部分。

在这样的环境中，用户不必再"畏首畏尾"，而是可以大展身手，发挥自身创造性、积极性参与社群、参与构建游戏世界，提升自我价值，同时也能提升整个游戏元宇宙的价值。

总而言之，游戏元宇宙的未来通道已经开放，许多互联网企业、游戏企业也已准备就位。在冲刺元宇宙的道路上，未来已至，要想成为时代的弄潮儿，必须把握风向，掌控主动权的同时权衡发展利弊，潜心研发科学技术。游戏元宇宙的未来究竟如何，让我们拭目以待！

参考文献 / REFERENCES

[1] 沈阳. 元宇宙核心技术将提升整体生产力 [N/OL]. (2022-01-29)[2023-03-24]. http://www.ce.cn/culture/gd/202201/29/t20220129_37299885.shtml.

[2] 沈阳. 虚拟人、机器人、真人三人行，元宇宙将提升生产力 [R/OL]. (2022-01-26)[2023-03-24]. https://www.whb.cn/zhuzhan/jtxw/20220126/446170.html.

[3] 陆正兰，李俊欣. 论游戏表意的四体演进：一个符号修辞学分析 [J]. 现代传播（中国传媒大学学报），2021，43(02)：82-88.

[4] 张蕊，高宁. 公民媒介素养教育的西方范式与中国路径 [J]. 东岳论丛，2018(4)：7.

[5] 李素莹，欧学明，杨晓晴，等. 区块链技术在金融业的场景应用探析及相关金融监管政策的研究 [J]. 金融，2019，9(3)：4.

[6] 刘燕. 鲍德里亚的后现代传媒理论与媒介现实的构建 [J]. 国际新闻界，2005(03)：59-64.

[7] 陈运来. 虚拟现实技术在行业中的应用 [J]. 现代电子技术，2010(2)：1.

[8] 李思睿，刘朋，曾琦娟. 云 XR 扩展现实技术在计算机教学中的研究 [J]. 计算机教育，2020(8)：6.

[9] 麦永雄. 赛博空间与文艺理论研究的新视野 [J]. 文艺研究，2006(06)：29-38+166-167.

[10] 高诺，鲁守银，张运楚，等. 脑机接口技术的研究现状及发展趋势 [J]. 机器人技术与应用，2008(04)：16-19.

[11] 张学义，潘平平，庄桂山. 脑机融合技术的哲学审思 [J]. 科学技术哲学研究，2020，37(06)：76-82.

[12] 尤文圣，农旭安，陈佳梦 . 浅析裸眼 3D 技术与应用 [J]. 科学与信息化，2021(17)：1.

[13] 未来智库 .VRAR 硬件产业研究报告：产业链日趋成熟，行业爆发在即 [R/OL]. (2021-05-26)[2023-03-24]. https://baijiahao.baidu.com/s?id=17008017337080 18759&wfr=spider&for=pc.

[14] 未来智库 . 5G+AI 的杀手级应用：VR+AR 深度研究报告 [R/OL]. (2020-05-10)[2023-03-24]. https://baijiahao.baidu.com/s?id=1666283750361732292&wfr=sp ider&for=pc.

[15] 温彩云 . 伪存在、时间消费与分离效果：网络游戏的景观性特征 [J]. 现代传播，2020(04)：106-110.

[16] 游戏产业网 . 2021 年中国游戏产业报告 [R/OL]. (2021-12-20)[2023-03-24]. http://www.cgigc.com.cn/details.html?id=08d9c37e-e046-495c-8348-3dd4185ab794&tp=report.

[17] 崔林，尤可可 . 支撑、协同与善治——新时代国家治理体系中技术要素的功能研究 [J]. 新闻与写作，2021(04)：26-31.